freedom
letters

Новая газета
Европа

№ 88

Глушь

13 репортажей
из воюющей России

Freedom Letters & Новая газета Европа

Рига • 2024

freedomletters.org • novayagazeta.eu

Издатель *Георгий Урушадзе*
Редактор-составитель *Екатерина Гликман*
Корректоры *Оксана Гончарова, Татьяна Луговская*
Иллюстрации *Настя Покотинска*
Дизайн обложки *Алиса Красникова*
Технический директор *Владимир Харитонов*

Глушь. — Рига: Новая Газета Европа, Freedom Letters, 2024.

ISBN 978-1-998265-78-7

Мы, журналисты «Новой газеты Европа», уже два года работаем в изгнании и, находясь вне поля действия российской цензуры, продолжаем рассказывать правду о войне и стране. Для этой книжки мы отобрали тринадцать статей, которые показывают, зачем мы уезжали. Это репортажи из России, о России и которые не могли быть опубликованы в России. География «Глуши» разнообразна: Белгородская область, Хабаровский край, Бурятия, Челябинская область, Волгоград, Пермский край, Карелия... Время действия: два последних военных года. Жанр: документальная хроника падения нашей страны в бездну.

Содержание

От составителя

Мы — команда «Новой газеты Европа», и 7 апреля 2024-го нашему стартапу (как любит называть нас один Нобелевский лауреат) исполняется два года. До 24 февраля 2022-го большинство из нас работали в знаменитой «Новой газете». Теперь мы рассеяны по всему миру, но продолжаем как журналисты рассказывать правду о войне и стране.

Два года мы работаем в изгнании. Два года мы находимся вне поля действия российской цензуры, называем войну войной и не отмечаем звездочками имена людей, названных нашим государством «иностранными агентами».

Мы отобрали для этой книжки тринадцать статей: это репортажи из России, о России и которые не могли быть опубликованы в России.

Статьи расположены в хронологическом порядке. На счетчике сто двадцать шестой, триста пятьдесят второй, пятьсот восемьдесят восьмой день войны… Вы переноситесь с нашими репортерами из Белгородской области в Хабаровский край, из Бурятии — в Карелию, из Челябинской области — в Ивановскую, из Волгограда — в Пермский край, и наблюдаете за тем, как меняются российские реалии в течение двух военных лет. То есть эта книга — документальная хроника падения нашей страны в бездну.

Почти все эти репортажи мы были вынуждены подписать псевдонимами — иначе наши корреспонденты, которые рассказывают вам о том, что видели своими глазами, рискуют попасть за решетку. Но война и цензура закончатся, и мы вернем журналистам их имена. А эта книжка превратится в исторический документ.

Приказано молчать

О российской беде и журналистах, которые ей не подчинились

Кирилл Мартынов

главный редактор «Новой газеты Европа»

Парадокс этой книги связан с немотой. В феврале 2022 года нашей огромной и любимой стране приказали молчать. Запретили рассказывать о своей боли, о том, что делает с людьми война. Право на жизнь назвали дискредитацией армии. Журналистов, сражающихся за право говорить внутри России, бросают в тюрьмы. В первые дни вторжения в Украину россияне кричали, не в силах поверить в реальность происходящего. Теперь страна разговаривает о своей беде шепотом, в компаниях друзей и в семейных чатах.

Мы были вынуждены покинуть Россию, чтобы сохранить голос. Вопреки названию газеты в центре внимания моих коллег отнюдь не эмигрантские чемоданы (хотя мы и не забываем про судьбы уехавших). Мы считаем, что Россия — это европейская страна. Нашей родине некуда бежать с континента Европа. Медиа уехали из России, чтобы страна могла говорить.

Наша первая книга собрана из текстов, которые написаны корреспондентами с российскими паспортами. Они рассказывают о наших соотечественниках, живущих в собственной стране. Но эти репортажи не могут быть опубликованы дома. Их не пропустит военная цензура. Редактор, взявшийся за такие тексты в Москве, будет объявлен врагом народа и закончит в тюрьме. Ведь России запрещено говорить о самой себе.

В этом нет ничего нового, любая диктатура построена на немоте. Смысл цензуры состоит в том, чтобы лишить людей информации и права принимать самостоятельные решения. Так было в Советском Союзе, так происходит сейчас в Северной Корее. Странно лишь, что это снова случилось с нами в XXI веке, после тридцати лет невыученных уроков.

Как можно писать о России, если ты далеко от нее? Этот вопрос мы часто слышим от журналистов в Европе, большинство из которых не теряли свои страны и работают как по учебнику. Вот редакция, вот читатели, репортер защищен законами страны, полиция не придет к нему с обыском.

Работать в России было сложно и до 2022 года. Весной 2021 года у здания «Новой газеты» в Москве распылили некое химическое вещество — итогов официального расследования этого инцидента мы, вероятно, уже никогда не узнаем. Журналистов били и задерживали на митингах. Отправляясь в командировки в Чечню, мои коллеги знали, чем рискуют.

Война Путина против Украины убила профессию. В огромной стране не осталось медиа, которые могут рассказать всю правду о том зле, которое диктатура творит против наших соседей и собственного народа. Так что на вопрос, как писать о России, если ты находишься за ее пределами, приходится отвечать: только так это теперь и возможно. «Новая газета Европа» получает тексты репортажей из России и публикует их без цензуры. За это, кстати говоря, нас и назвали преступной, нежелательной организацией. Это звание мы получили от деятелей, узурпировавших в стране власть и объявленных в розыск Международным уголовным судом. Ну и кто кого: Басманный суд или Гаага?

Когда 2 марта 2022 года я вышел из редакции «Новой газеты» на Чистых прудах, чтобы улететь в Стамбул, ясного плана не было. Мы успели выпустить несколько номеров газеты, назвать в них войну преступлением. Власти в ответ ввели военную цензуру. 28 марта вышел последний номер «Новой». 7 апреля мы учредили «Новую-Европа», чтобы продолжать.

Я благодарен журналистам, которые не смирились с войной и продолжают дело газеты. Спасибо нашим читателям, которые напоминают, что эта работа нужна. «Глушь» — это 13 документальных историй, которые мы рассказали о России.

I.

29 июня 2022 года
Сто двадцать шестой день войны
Регион: Белгородская область

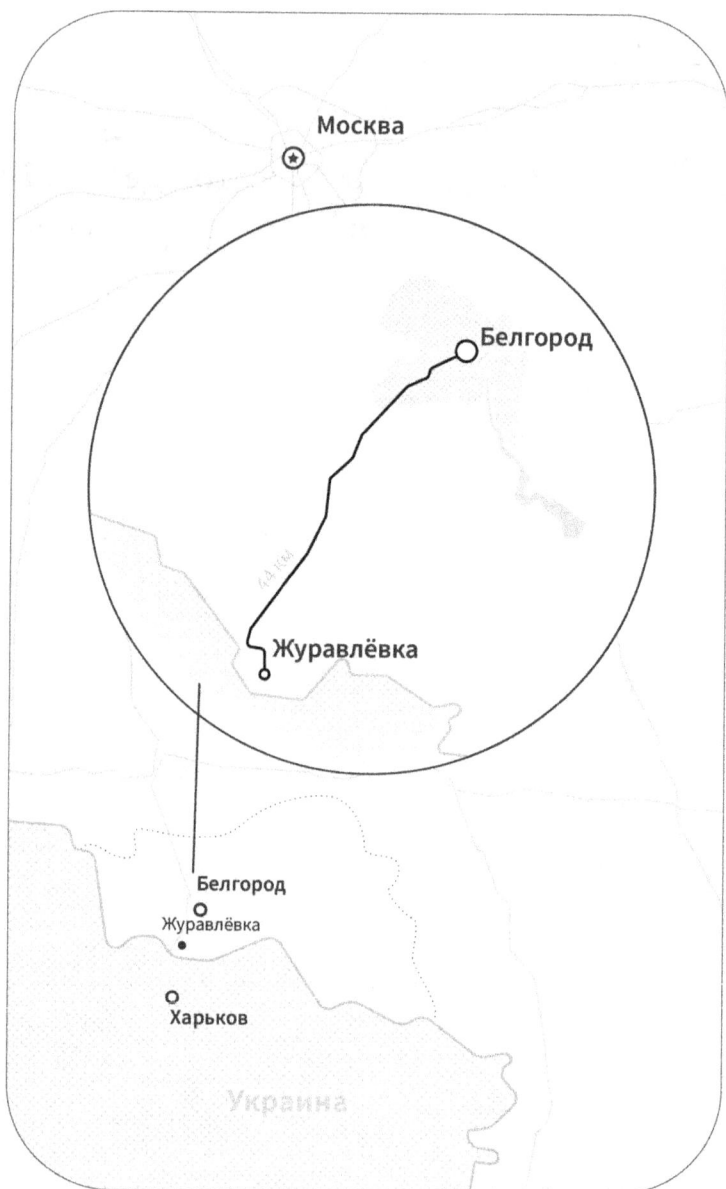

Москва

Белгород

Журавлёвка

Белгород

Журавлёвка

Харьков

Украина

Летит в Журавлёвку

В погранзоне Белгородской области люди ежедневно выбирают: умереть сейчас от снаряда или зимой — от голода

Арден Аркман

Идущая пятый месяц «спецоперация» стала трагедией не только для украинского народа. Она принесла горе и страх в дома самих россиян. Пограничные города и села России обстреливаются ежедневно. Причем местные жители признают: дело в военной технике, которая почему-то базируется прямо среди жилых кварталов.

Специально для «Новой газеты Европа» журналист Арден Аркман отправился в погранзону Белгородской области, чтобы узнать, как сегодня здесь живут люди и почему они не уезжают, несмотря на перманентную опасность.

Глава 1. Прилетное время

Журавлёвка — большое, на 1193 жителя, село в Белгородской области, всего в пяти километрах от границы с Украиной. По российским меркам — зажиточное: здесь есть школа, детский сад, фельдшерско-акушерский пункт, дом культуры, музыкальная школа, почта, два магазина, пекарня.

Точнее, многое из этого в Журавлёвке теперь только было.

Уже пятый месяц в сельских полях, обычно засеянных зерновыми, стоит военная техника. На въезде — два блокпоста с автоматчиками. Местные уже привыкли к ударам орудий: только по официальной информации, с начала войны село обстреливали не менее 11 раз, а на деле снаряды в Журавлёвке и ее окрестностях рвутся почти ежедневно. Двое сельчан стали жертвами конфликта, больше десятка — ранены, и, по словам местных, в больницу обращаются далеко не все.

С началом боёв большая часть жителей покинула село, став вынужденными переселенцами, фактически — беженцами. Следом свернулась и инфраструктура. Люди говорят: жить здесь теперь страшно, страшно умереть под завалами. В Журавлёвке разрушено около 50 домов, повреждены осколками снарядов — сотни.

И всё-таки многие не уезжают: не могут оставить огороды и скот, ведь как иначе пережить голодную зиму? Десятки человек продолжают оставаться здесь на свой страх и риск.

«Мы "добровольцы" оказались»

От Журавлёвки до Харькова — ближе, чем до Белгорода. Немалая часть жителей — украинцы. Близость государственной границы никого в селе не смущала вплоть до февраля.

Зимой журавлевцы сначала недоумевали, глядя на постоянно прибывающие к их домам колонны военной техники, а в день объявления «спецоперации» одними из первых в стране услышали залпы снарядов.

Жизнь в селе изменилась в одночасье.

Первые сообщения об «инцидентах» (так официальные лица называли обстрелы Журавлёвки и других селений) появились уже в феврале. Губернатор Вячеслав Гладков предложил желающим эвакуироваться, и около сотни человек переехали в отель «Белгород». Затем волны эмиграции только усиливались — с новыми обстрелами. Люди уезжали, не только спасая свои жизни, но и на поиски заработка. Остающимся в селе предлагали подработать, обслуживая нужды военных. Но, говорят люди, деньги дали не всем.

— Пекарня, где я работала кондитером, закрылась: хозяин уехал на родину, в Грузию, — рассказывает жительница села Татьяна Барабаш. — Повара, уборщицы остались без средств к существованию, ведь больше здесь устроиться негде. Нас призывали помогать в школьной столовой, которая обслуживала солдат. По 8–12 часов мы готовили, мыли посуду — подключились даже старенькие бабушки, рук не хватало. На 8 марта нам выдали так называемое «поощрение»: солдаты привезли откуда-то и раздали одеяла. А потом выяснилось, что одним заплатили порядка 20 тысяч, другим — ничего. Мы «добровольцы» оказались, хотя работали три недели.

Татьяна очень переживала из-за закрытия пекарни: она переехала в Журавлёвку из Харькова 20 лет назад, а для разрешения на временное проживание нужно каждые 12 месяцев предоставлять отчет о доходах. Полтора месяца она была фактически безработной, обращалась к главе администрации Белгородского района Владимиру Перцеву за помощью в упрощении принятия гражданства, но ее проигнорировали. Никакие компенсации не полагались и другим людям, потерявшим работу.

В конце марта территорию села начали обстреливать — губернатор объявил режим ЧС и призвал сельчан эвакуироваться. Татьяна рассказывает, как днем 24 марта снаряд разорвался в двухстах метрах от ее дома. Испугавшись за жизнь детей, они с мужем приняли решение эвакуироваться, но хозяйство требовало присмотра, потому Татьяна с дочками уехали, а муж со свекровью остались ухаживать за живностью. В тот же вечер снаряд упал еще ближе к дому — вылетели стекла, оказались повреждены крыша и забор.

Эвакуация с самого начала обернулась для жителей неудобствами. Татьяну и ее дочерей отвезли в детский лагерь имени Гагарина в 12 километрах от Белгорода. Здесь был организован пункт временного размещения:

— Это был летний домик с комнатами, в одной из них мы жили вместе с дочками, рядом — другие семьи. Комнаты не закрывались. Идешь в столовую и думаешь: что там с твоими вещами и деньгами? А как там детей одних оставить?

Война войной, но мне их нужно кормить и одевать на что-то, я уже устроилась в кондитерскую в Белгороде.

Чтобы вовремя попасть на работу из загородного лагеря, Татьяне приходилось вставать в шесть утра, будить детей, отвозить их к сестре в городскую квартиру. Вечером — забирать детей и снова ехать в лагерь. На одну только дорогу каждый день уходило почти два часа. В таком режиме семья смогла прожить в лагере только неделю, потом Татьяна вернулась в село и время от времени стала привозить туда детей, но в мае на ее улицу снова начали падать снаряды.

— Мы только поставили четыре стеклопакета, а в начале мая снова понеслись удары — и эти же окна повыбивало, как и у соседей, успевших кое-как подлатать свои дома. Страшно было очень, поэтому вновь решили эвакуироваться, — вспоминает Татьяна.

Во второй раз Татьяну с дочками привезли в отель «Патриот», где они смогли выдержать только пару дней.

— Мужчины проносили алкоголь, распивали, ходили пьяные. Ресепшн на это внимания не обращал. Рядом с нами пятеро мужчин проживали в одном номере — всю ночь дебоширили, матерились, а мне утром нужно на работу. Душ-туалет общий на этаже, как там оставить девочек-подростков одних на весь день? Я же не могу знать, что на уме у пьяных мужчин. Ругалась с главой администрации, чтобы нас перевезли в другой отель, — она игнорировала. Пришлось съехать к моей сестре. Я стала угрожать администрации, что вернусь в село, и тогда нас перевезли в отель «Белгород», где всё более-менее нормально, — рассказывает женщина.

Однако эвакуация не решает всех проблем: Татьяна говорит, что многие потеряли работу в Журавлёвке или были вынуждены уволиться, например, из таможни (расположенной в соседнем селе Нехотеевка) — хотя пропуск на проезд через блокпост им выдают, но тратить по 2–2,5 часа в день на дорогу очень тяжело. В Белгороде найти работу эвакуированным оказалось непросто, люди в смятении, потому что не знают, что будет дальше, на что им рассчитывать. Им не на кого оставить детей: в городские садики не берут, в школу не оформляют, ссылаясь на то, что к осени «всё может закончиться, тогда придется обратно переводить». Татьяна переживает и за психологическое состояние своих дочек:

— Нам, взрослым, с этим трудно жить, а им каково? Оторваны от дома, скучают за папой, домашними питомцами. Несмотря на приемлемое питание, они похудели. Морально очень тяжело.

Больше всего, по ее словам, жители переживают за свое хозяйство.

— Знакомая говорит: у меня огород, сейчас спецоперация закончится, люди останутся без всего. Ладно нас поселили, кормят, бесплатно проживаем. Закончится война, чем дальше кормить детей? Об этом никто не думает. Очень жаль, что наше государство о гражданах Украины печется больше, чем о своих.

В мае осколками снарядов были повреждены уже сотни домов, сельчане получали ранения, но либо отказывались уезжать, либо, находясь в эвакуации, периодически возвращались.

Эвакуация, по словам Татьяны, начала носить принудительный характер, а после гибели 26 мая местной жительницы Елены Ушаковой въезд закрыли даже для местных. Магазины перестали работать, и две недели жители, не сделавшие запасы, просидели без хлеба и продуктов. Сейчас один магазин принимает покупателей несколько часов в день и продает минимум необходимого: хлеб, мясо, молоко. Муж Татьяны продолжает жить в своем доме — эвакуироваться он согласен, но кто присмотрит за живностью?

— У нас куры, поросенок, еще он ухаживает за хозяйством своего эвакуированного брата — там кролики. Когда после первой эвакуации мы сюда приехали, соседи просили покормить их птицу. Дочки мои заглянули и говорят, что кормить уже некого, все погибли от голода, а у другой бабушки утки и вовсе пропали, — говорит Татьяна.

Еще во время первой эвакуации сельчанам обещали, что за имуществом эвакуированных будут присматривать дружинники, — в местных пабликах постили их фотографию, а в новостях писали, что к охране привлекут полицию и казаков. Татьяна рассказывает, что, когда приезжала в село, ни разу не видела, чтобы кто-то обходил территорию, проверял сохранность имущества или кормил животных, — говорит, что улицы пустые, по селу хоть «голышом ходить можно».

Еда и бомбы

Риск потерять свое хозяйство часто оказывается для людей страшнее, чем риск пострадать или даже погибнуть под обстрелами. Таков один из парадоксов, вскрытых войной. Логика простая: если сейчас ради своего огорода не пойдешь под снаряды (которые, может, еще и не заденут), то по осени столкнешься с голодом (а он заденет точно).

Многие в Журавлёвке и согласны бы покинуть село, но ждут от государства гарантий, что оно их не оставит. А гарантий этих никто не дает.

26 мая 54-летняя Елена Ушакова вернулась в село из пункта временного размещения в гостинице. Как рассказывает ее племянница Тамара Кузнецова, женщине понадобились летние вещи: она уехала из Журавлёвки еще зимой, сразу всё с собой забрать не смогла. Кроме того, нужно было покормить животных, проверить дом, выбросить испорченные продукты — Елена надеялась, что за несколько часов ничего не произойдет. Но случился обстрел. Женщина получила серьезное ранение, из-за которого ее даже не смогли сразу доставить в больницу. На следующий день она скончалась.

«Уже сил нет говорить, убеждать. Из-за нескольких кур и двух ведер картошки люди рискуют единственной ценностью, которую нужно беречь, — своей жизнью», — прокомментировал гибель Елены губернатор Гладков. Но обещать жителям те самые два ведра картошки не стал.

Тамара Кузнецова в комментариях на странице Гладкова поинтересовалась, почему за четыре месяца не найдено свободных деревенских домов, чтобы переселить жителей с имуществом и хозяйством. Вопрос остался без публичного ответа.

Другая жительница, Валентина Александровна, несмотря на возраст (ей 55 лет), вынуждена оставаться в Журавлёвке безвылазно, потому что не представляет, как деревенский житель может выжить без огорода. Она работала в сельской пекарне, а после ее закрытия потеряла единственный источник дохода.

— Ситуация критическая. Спасает только огород — десять соток, как его оставишь? Зима-то длинная. Выращиваю всё, что в погреб можно сложить: картошку, морковку, свеклу, лук. Пенсию мне отодвинули (имеется в виду пенсионная реформа. — А.А.), так что подрабатываю присмотром за соседскими животными: утками, курами, собаками, кошками: в гостиницу с ними не пустят, а накормить-то надо.

Валентина Александровна говорит, что даже после того, как магазин начал открываться на несколько часов в день после двухнедельного перерыва, проблем меньше не стало. Чтобы закупиться, нужны деньги, а взять их негде.

— Глава администрации переписала тех, кто тут есть, я спросила: кто-то на трехразовом питании в гостинице, а мне как? Она сказала: обращайтесь к своему работодателю. Я ей говорю, что работодатель уехал, как я его найду? Она на меня посмотрела, как на Иисуса Христа, и дальше пошла.

Администрация в курсе, что часть жителей остается в своих домах. Когда эвакуация стала носить принудительный характер, глава разъезжала по селу вместе с участковым и чуть ли не забирала людей с улицы, рассказывает Татьяна. Жители тогда сидели по домам и боялись выйти, чтобы не нарваться на представителей власти. Муж Татьяны вынужден был написать расписку, в которой «отказывается выезжать из территории села в другое безопасное место». Ему еще повезло не нарваться на штраф, ведь 30 декабря 2021 года вступил в силу закон, согласно которому проживающие в зоне ЧС обязаны самостоятельно эвакуироваться. За несоблюдение предписания — до 30 тысяч рублей штрафа.

Глава 2. Жизнь под обстрелами

«Езжайте в поле и там воюйте»

35-летний Виталий Лучников никаких расписок писать не стал. Он возмущен обстоятельствами, в которых оказался. Свой монолог по телефону он начинает с того, что «спецоперацию активно поддерживает», а претензии свои обращает только к ее исполнению.

— Технику выстроили прямо за моим огородом! Там поле, военным это было очень удобно. КАМАЗы прямо на мой огород заехали. И туда же вскоре начали прилетать минометные снаряды. Я в погреб прятался, чтобы скрыться от обстрелов, а потом вышел на огород: в десяти метрах от него ракета на метр ушла в грунт и дымилась, вторая — в 70 метрах от участка. И после этого военные быстро собрались и перешли на другое место.

Виталий предполагает, что украинские военные смотрят фотографии со спутника и бьют по военным целям.

— Жилых домов у нас разбито очень много, соседу прямо в комнату снаряд упал, крышу пришлось перекрывать. Не думаю, что кто-то будет вот так впустую тратить снаряд — он же денег стоит. Я сам служил в артиллерии: когда делаешь выстрел, срочно нужно сматываться, потому что отслеживаются координаты, откуда он был произведен. Зачем разрушать дом или гараж какому-то Васе, Пете, Коле? Все эти снаряды, на самом деле, летят в военную технику, но, конечно, есть поправки на ветер, на ошибку наводчика.

По последним данным, всего в Белгородской области повреждено около 359 домов, значительная их часть — в Журавлёвке.

— Как только в селе были расположены установки, у нас тут высказывали мысль: украинские военные размещают свои танки во дворах, и российские силы призывают их выводить технику с жилых территорий. Хотите воевать — езжайте в поле и там воюйте. Но мы же тоже так сделали! У нас артиллерия стоит на территории села. Ладно если бы они тут поставили будки и оцепление, чтобы не допустить диверсантов, — это не цель. А когда вы тут размещаете танки — это уже цель. Как только они здесь расположили машины — это стало целью для ВСУ, тут же это стало угрожать моей жизни. Для украинцев цель не я, а русские солдаты. Снаряд на меня тратить нет никакого смысла. Я считаю, что они должны были передвинуть технику на территорию Украины, чтобы мое село находилось в тылу и я не переживал.

В эвакуации Виталий уже побывал: вместе с братом его разместили в детском лагере имени Гагарина — в том же самом, где побывала и Татьяна Барабаш с семьей. Однако он боится оставлять имущество без присмотра, хотя от главы администрации тоже слышал, что следить за сохранностью хозяйств поручили добровольцам (ДНД).

— Сегодня они проехали по улицам, осмотрели — не выносят ли где холодильники. А кто знает, что у кого было в доме. Как мы будем оценивать имущество? У меня украдут стиральную машинку, как я докажу, что она была? А если было десять коров, которые убежали на территорию Украины? Этот вопрос нужно урегулировать, — возмущен Лучников.

Охрана имущества, оставшегося без присмотра, вводится государственными органами в случае объявления «красного» уровня террористической угрозы. Но в Белгородской области пока введен только «желтый» (всего их три: «синий» — повышенный, «желтый» — высокий, «красный» — критический).

Информация о введении «красного» уровня появлялась в СМИ и соцсетях несколько раз в апреле и в мае, однако губернатор Гладков ее опровергал, а сообщения о назначении выплат для граждан, желающих покинуть приграничные районы, называл «чепухой». Интересно, что введенный «желтый» уровень не предусматривает даже создание пунктов временного размещения.

Не устраивает Виталия Лучникова и необходимость проживать именно в отеле, более справедливой он считает компенсацию аренды комнаты или квартиры, которая едва ли обойдется дороже номера в гостинице, но избавит от шумных соседей и «удобств на этаже». Он предлагал этот вариант главе сельской администрации, но понимания не встретил:

— Сельчане хоть и недовольны, но рассуждают так: крышу над головой дали, постель дали, поесть дали — значит, всё хорошо. Но это же условия заключенных. А в чем тогда разница между мной и заключенным? Если я вернусь и обнаружу, что у меня пропала техника или мебель, или посевная пройдет, а я картошку не посадил — кто это будет компенсировать? У меня не будет запаса продуктов на зиму. Вот я вышел на огород, идет обстрел, а если снаряд упадет, мне жизнью рисковать, копая картошку?

Во время разговора с Виталием слышны нарастающие глухие удары — в какой-то момент они даже заглушают его голос, и приходится подождать минуту, пока всё стихнет.

— Каждый вечер вот так у нас. Либо ПВО работают, либо... Почему я должен прислушиваться к грохоту и думать: наши стреляют или по нам? Страшно. Очень страшно проснуться под завалами и задыхаться от того, что на тебя давит груда камней и ты не можешь выбраться. Я должен держаться подальше от окон и, сидя в подвале, надеяться, что бьют не осколочно-фугасным — 152-миллиметровыми. Ведь если такая болванка прилетит в мой погреб, даже если меня напрямую не заденет осколком, то есть шанс быть приваленным плитой перекрытия, а также стопроцентно получить контузию от взрывной волны либо вовсе быть ею разорванным, так как сила детонации снаряда, особенно в небольшом замкнутом пространстве огромна.

Осознавая риск для собственной жизни, сельчанин в своих требованиях непреклонен.

— Если будет издано постановление, что за мое имущество они [власти] несут ответственность, назначат мне компенсацию, я согласен уехать. Но пока никто не ручается за имущество, они не имеют права требовать, чтобы я уезжал из своего дома. А ведь я даже временно выехать не могу: мне говорят, что обратно не пустят, и транспортное сообщение давно отсутствует, мы тут как индейцы в резервации.

Жители должны получить компенсации не только за материальный, но и за моральный ущерб, считает Виталий.

— Военнослужащий, несущий службу в моем селе, исправно получает денежное довольствие: боевые, премию, квартальные. Ему зачисляется стаж к службе, а после завершения спецоперации он получит статус и соответствующие льготы, хотя мы с ним находимся в одинаковых условиях с той лишь разницей, что он подписался на это, а я стал невольным заложником ситуации. Мне, кстати, даже средств защиты: бронежилет, каску — никто не выдал.

Всего в Журавлёвке, по разным оценкам, сейчас проживает от 40 до 70 человек. В июне блокпосты стали регулярно пропускать в село местных. Как рассказывает Александра Петровна (жительница попросила изменить свое имя), вместе с родными они стараются выезжать в село каждые выходные.

— Проверить, всё ли дома цело, не побиты ли стекла, не залилась ли вода через крышу. Восстановительные работы у нас не начинают, потому что опасно. Еще кормим кошек и собак, а как иначе? Это же наш дом, нужно за ним следить. С пограничниками договариваемся: они просят не больше двух часов на всё про всё тратить. Надеемся каждый раз, что ничего не случится.

«Боль и страх останутся с нами на всю жизнь»

Журавлёвка — не единственное село, оказавшееся в зоне боевых действий. Обстрелам подвергались Головчино, Безымено, Хотмыжск, поселок Политотдельский и другие. Всего, по информации главы региона Вячеслава Гладкова, пострадало 359 домовладений и 112 автомобилей.

Сильно пострадало село Солохи, находящееся в 11 километрах от границы: на его территорию снаряды падали 11 и 18 мая, повредив 61 домовладение и 31 автомобиль. Удар пришелся в самый центр — рядом с продуктовым магазином, здесь на асфальте еще можно увидеть вмятину, засыпанную щебенкой. Пострадали также почта и школа. Продавцы наперебой благодарят местные власти за быстрое начало восстановительных работ.

— Окна новые вставили пластиковые, фасад подлатали. И не только у нас, тут же рядом практически каждый дом задело — и все уже как новые стоят.

Отправляют к местной жительнице Маргарите, рассказывая, что ей пришлось тяжелее всего. Ее участок — через дорогу от магазина. Стальные ворота, за которыми виднеются два кирпичных коттеджа, будто только что возведенных. Бегающие туда-сюда дети обещают позвать маму — выходит крепкая женщина с руками в муке и, отметив, что приходится отрываться от замешивания теста, соглашается поговорить.

Общаться с журналистами ей не привыкать: в центре внимания Маргарита оказывалась не только в связи с обстрелами, но и как мать пятнадцати детей.

— Самый сильный удар был 11-го числа. Снаряд влетел в крышу, разорвал натяжной потолок, поколотил мебель. Окна выбиты, даже стены были повреждены, — женщина сбивчиво вспоминает один из самых страшных дней в своей жизни. —

Мы тогда во двор вынесли ковер, чтобы постирать, и холодильник новый выгрузили, чтобы потом установить. А когда ударило в машину, она загорелась, а вместе с ней и ковер, и холодильник, и даже деревья, алюминиевые крышки будто топором разрубило.

Спустя неделю после первого обстрела, 18 мая, произошел второй — и жителей села эвакуировали. Несколько раз Маргарита просит передать благодарность главе администрации сельского поселения Александру Сыромятникову — «за активность, сплоченность, за то, что он постоянно был на связи». И действительно: Солохи стали одним из первых сел, где полностью завершили восстановительные работы. Но имущество — не самая высокая плата за нахождение рядом с границей: в результате обстрела 11 мая погиб подросток. Получили ранения и дети Маргариты.

— У меня двое детей пострадали, у одного сына четыре осколочных ранения: в ноге, руке, на лице, другого сына контузило сильно, что он слух потерял. Муж успел загнать других мальчишек, а сам упал возле машины, когда начали кассеты лететь, и машина взорвалась. Никита выбежал из дома и лег, прикрыл отца собой, вот и получил четыре ранения, а у папы ничего, только контузия.

Маргарита говорит, что они считаются эвакуированными и в основном находятся в гостинице в Белгороде.

— Маленькие дети все там, а нам вместе со взрослыми мальчишками приезжать всё равно приходится: огород прополоть и так далее. И всё равно страшно: к каждому баханию прислушиваешься и думаешь: куда и как оно летит? Вся эта боль остается, хоть и восстановили, но радости уже нет никакой, ведь было всё хорошо, а теперь боль и страх останутся с нами на всю жизнь.

Недалеко от дома Маргариты стоит школа — новое здание, в котором всё еще выбиты стекла, рабочих или строителей не видно. Село кажется вымершим: по улицам никто не ходит, по дорогам чаще разъезжает военный транспорт, чем обычные автомобили. Возле места, куда пришелся основной удар, при мне дважды паркуются военные КАМАЗы: солдаты отовариваются в магазинах.

Такси в Солохи приезжает с неохотой: никому не хочется попасть под очередной обстрел.

«Всё дешево распродали»

Из села Середа Шебекинского городского округа жителей эвакуировали 5 мая, поселили по местным меркам далеко — в санаторий, находящийся в получасе езды на автомобиле. Огород уже был засеян, ждал еду скот — сельчане просились обратно, и пограничники на блокпосте шли навстречу: разрешали регулярно возвращаться и ухаживать за хозяйством.

— Мы с женой и родственниками каждый день в восемь утра собирались и ехали кормить скот. Если было тихо, нас пускали, — рассказывает житель Середы Сулейман Исфандиев. — На хлопоты давали не больше часа.

Этого короткого времени хватило, чтобы 15 мая Сулейман попал под обстрел и получил ранение — осколок прошил ногу насквозь. Жителям Середы было окончательно запрещено посещать территорию села. Весь местный скот администрация собрала и вывезла на ферму. Там началась его распродажа.

— У меня было четыре телочки и три бычка. Покупал по десять тысяч за одного, а продать пришлось по семь. А как иначе? Вынужденно же. Не хотелось их отдавать, я же собирался их откормить: взрослый бык в среднем весит полтонны, живой вес берут по 190 рублей за килограмм, вот и считайте (*одного быка можно продать за 95 000 рублей. — А. А.*). У остальных тоже всё дешево пораспродали.

Зато теперь, говорит Сулейман, у местных уже нет повода возвращаться. Да никто их в село и не пустит.

Глава 3. Никто не должен?

Еще 10 июня я отправил главе администрации Журавлёвского сельского поселения Анжелике Самойловой вопросы, которыми обеспокоены местные жители: об условиях эвакуации, о компенсациях и гарантиях сохранности имущества. Однако ответа от нее так и не последовало.

Дозвониться до чиновницы по официальным телефонам не удалось. Отвечать в социальных сетях она также не стала.

С местными, по их словам, Самойлова тоже разговаривает неохотно, Александра Петровна несколько недель не может с ней связаться.

У пресс-службы губернатора Белгородской области — тоже «помехи»: запрос, отправленный на электронный ящик, сначала не доходил, но после нескольких звонков наконец был зарегистрирован в канцелярии и обрел порядковый номер.

На связь выходила представительница администрации Ирина, настойчиво предлагала помощь, но в посещении села Журавлёвка с целью общения с неэвакуированными жителями отказала, а услышав номер зафиксированного запроса, сказала, что «таких писем к ним не поступало».

«Новая газета Европа» адресовала часть вопросов местных жителей белгородскому юристу, управляющему партнеру адвокатского бюро «Лапшин, Ткаченко и партнеры» Руслану Лапшину.

— *Обязаны ли местные власти издавать указ или постановление о необходимости эвакуации и письменно уведомлять жителей об этом решении?*

— Нет, это просто применяемая мера в соответствии с Указом Президента РФ и действующим законодательством. Какой-то обязанности издавать постановления у местной власти нет.

— *Выезжая из села, жители не могут вернуться обратно: через блок-посты их не пропускают. При этом сотрудники не ссылаются на какой-либо нормативный акт. Это нарушение закона со стороны погранслужбы?*

— Сотрудники правоохранительных органов действуют в данном случае на основании действующего законодательства в рамках мер, предусмотренных при «желтом» уровне террористической опасности. Погранслужба не нарушает закон.

— *Как жители могут получить компенсацию за моральный, физический и имущественный ущерб?*

— Вопросы компенсаций решаются на основании статьи 5.1 Федерального закона «О противодействии терроризму» органами исполнительной власти субъекта РФ. Имущественный вред, насколько мне известно, в настоящее время компенсируется за счет бюджетных средств: дома восстанавливают. Что касается ран, то пострадавшие получают бесплатную медицинскую помощь. Моральный же вред, к сожалению, по закону не подлежит компенсации, но по желанию руководства страны или региона пострадавшим могут производиться какие-либо выплаты.

— *Какие возможны льготы для потерявших работу в селе в связи с эвакуацией или для тех, кто продолжает работать под обстрелами?*

— Пострадавшие обеспечиваются временным жильем, питанием, предметами первой необходимости. Они могут обратиться в службу по труду и занятости и оформить получение пособий или найти себе новую работу.

2.

30 июня 2022 года
Сто двадцать седьмой день войны
Регион: Пермский край

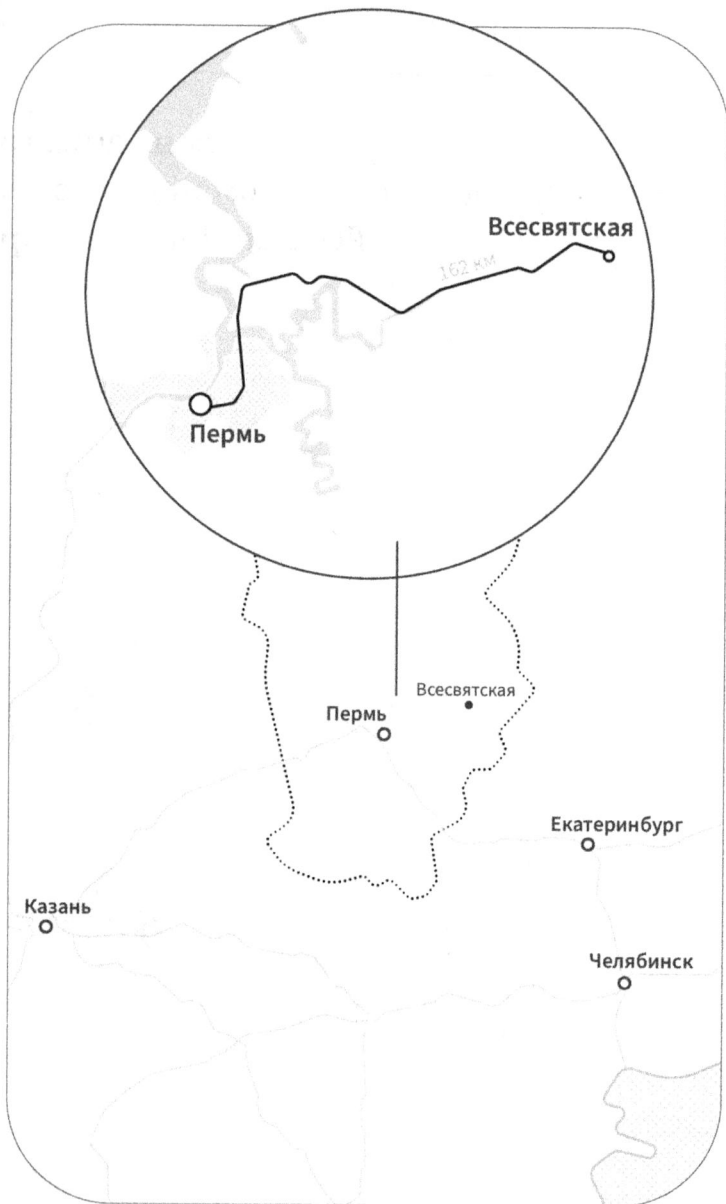

Всесвятская

162 км

Пермь

Всесвятская

Пермь

Екатеринбург

Казань

Челябинск

Жизнь и смерть рядового Фоминцева

Как и почему 19-летний житель маленького поселка в Пермском крае стал мертвым кавалером Ордена Мужества

Вера Куликова

Похороны

Девятого апреля в поселке Всесвятская Пермского края было необычайно людно. Из районного центра приехали чиновники, военные и казаки. В поселковом клубе прощались с местным героем «спецоперации», погибшим в селе Каменка под Изюмом в Харьковской области. Переминаясь с ноги на ногу в ледяной каше подтаявшего снега, толпа перетекала с улицы в клуб и обратно. В зале клуба рядом с закрытым красным гробом вытянулся по струнке почетный караул — такие же юные солдаты, как и погибший. С портрета, перетянутого черной лентой, на шепчущихся односельчан и множество незнакомых людей большими и словно удивленными глазами смотрел 19-летний Андрей Фоминцев.

— Зачищая нацистов на территории Украины, погиб наш с вами земляк, — обратился к собравшимся глава Чусовского городского округа. — Благодаря вашему сыну на нашу территорию никогда не придет враг. А молодежь, глядя на его подвиг, будет готова защищать нашу Родину.

Молодежь, одетая в кроссовки и спортивные костюмы, испуганно смотрела на гроб и сиротливо жалась к красиво задрапированной траурной тканью стене в зале прощания. Привезенные из города школьники в форме юнармии едва сдерживали слезы, их руки дрожали.

— Горько, когда гибнут недавние выпускники. Андрей был незаурядным учеником, он никогда не прятался за чужие спины, — дрогнувшим голосом сказала школьная учительница.

— Хороший урок патриотизма. Мы рассмотрим возможность установки памятной доски в школе, где учился Андрей, — включилась чиновница от образования.

Четыре минуты

— В день, когда я родила Андрея, было очень много снега, — говорит Александра Фоминцева, мать погибшего солдата. — 13 апреля снегопады на Урале — не редкость. Мне было 17 лет. Плод крупный, рожала тяжело. Когда Андрюша родился, уже не дышал. Его у меня сразу забрали. Я плакала, просила врачей спасти сына. Мне ответили, что он вряд ли выживет, но если откачаем, считай, повезло. Почти четыре минуты он не дышал, а потом произошло чудо — первый вдох. Через два дня мне его вернули.

Андрей был спокойным ребенком. В два года пошел в садик. Мама поступила учиться, ей нужно было ехать на сессию, а бабушка работала. На мужа ребенка оставить было нельзя — «ненадежный». После сессии Александра сразу устроилась работать в колонию: сначала специалистом в отделе кадров, потом работала много лет в отделе безопасности, и перед пенсией — в оперативном отделе. Там было тяжело: и тревоги постоянные, и сверх положенного времени задерживали, и командировки… Бабушка помогала.

Позже Фоминцевы развелись. Отец уехал жить на север, а мать снова вышла замуж, родила второго сына. На материнский капитал купили с новым мужем однокомнатную квартиру во Всесвятской. Андрей остался с бабушкой — у нее квартира просторнее.

— С родным отцом у сына были хорошие отношения, — уверена Александра. — Я никогда не настраивала Андрея против него, всегда была только за общение. Всё эти годы бывший муж ни разу не платил алименты, но его мать, пока была жива, всегда давала внуку с пенсии по одной-две тысячи рублей. Два лета подряд Андрей ездил в гости к отцу работать, не гулял в каникулы. Отец занимался сантехникой и проведением коммуникаций в жилые дома, а сын ему помогал. Андрей привозил заработанные деньги домой. В первое лето, ему тогда было 15 лет, помогая отцу, он заработал себе на подержанный мотоцикл. Стоил тот 10 тысяч рублей. Сынок очень любил кататься. Потом к следующему лету мотоцикл продал, заработал еще денег, помогая отцу в работе, и купил себе старенькую машину.

Остановка

Всесвятская, где жил Фоминцев, стоит на извилистой грунтовой дороге недалеко от густого леса. Черные покосившиеся избы с выбитыми окнами, прохудившиеся крыши, лежащие в грязи заборы. Ощущение, словно попал в фильм ужасов «Поворот не туда».

Поселок возник как станция Горнозаводской железной дороги в конце XIX века. В 30-е годы прошлого века вокруг появились тюрьмы и колонии ГУЛАГа. В поселок заселили трудпоселенцев, бывших кулаков и советских немцев. В 2010 году здесь проживали около трех тысяч человек, а в 2022-м едва ли наберется тысяча жителей. 14 домов по 22 квартиры.

Старую деревню и поселок у исправительной колонии № 10 (всё вместе — Всесвятская) разрезает нитка железной дороги. Время во Всесвятской словно остановилось где-то в 90-х. Только припылило всё вокруг, добавило ржавчины и трещин. В округе три колонии, весь поселок работает «за колючей проволокой». После пяти вечера на улице появляются мужчины в форме — закончился рабочий день надзирателей. Они торопятся в магазин, и через несколько минут кое-кто из них уже утрачивает твердость шага.

Центр жизни Всесвятской — автобусная остановка. На ней сидят дети. Обсуждают мотоцикл, на котором приехал 15-летний мальчик. Стоя на месте, он газует вхолостую, вызывая восторг зрителей и клубы дыма. К вечеру их сменяют ребята постарше. Насыщенность юношеского досуга обеспечивает магазин у остановки. Вдоль дороги гуляют девчонки. Они идут сначала в одну сторону, потом — в другую. Иных развлечений в поселке нет. Александра в детстве так же сидела на остановке. Потом сидел ее сын Андрей.

Бабушка

Бабушка погибшего Андрея — Татьяна Утемова — стройная привлекательная женщина за семьдесят. На ней джинсы и спортивная кофта — олимпийка внука, которая ему теперь без надобности.

— Андрюха был настырным, — вспоминает Татьяна Пантелеевна. — Если начнет что-то делать, не остановится, пока до конца не доведет. В младших классах был почти отличником, в 7–8 классах первые тройки появились. С 10 лет он со мной жил.

В комнате Андрея ничего не изменилось с момента его последнего приезда в отпуск. Кровать, шкаф, стол, компьютер… На столе младший брат Давид играет в «Лего». На стенах — много фотографий, в основном портреты Андрея в разном возрасте, начиная с детского сада. Почти все — в военной форме.

— Патриотичный парень был, да я сама патриотка, — замечает Татьяна Пантелеевна. — В чём патриотизм? Песни военные очень люблю. Даже укачивая внука, пела «Шел отряд по берегу».

В комнате нет книг. Бабушка признается, что внук книжки не любил читать. Хитрил. Вспоминает диалог:

— Уроки выучил? Пересказывай.
— Бабушка, так ты прочитай сама сначала. А то как ты меня проверишь, если не знаешь, о чём там написано? Только ты вслух читай.

В квартире Утемовой телевизор вообще не выключается. Особенно с того дня, как началась «спецоперация». Как открывает рано утром бабушка глаза — сразу включает телевизор. Говорит, с 24 февраля толком спать не может, все новости смотрит — «тревога невыносимая».

В поселке есть младшая школа, в каждом классе учится не более 10 учеников. Фоминцев после девятого класса уехал учиться на электрика в техникум в районный центр Чусовое, поселился там в общежитии. С бабушкой уже не часто виделся. Потом любовь у него с девчонкой из техникума закрутилась, учебу забросил, устроился на работу — грузчиком в «Пятерочку».

«С нами всё реже виделся. Мне приходилось иногда ездить, искать его через друзей, чтобы убедиться, что он живой. Потому что он даже на звонки не всегда отвечал. Сейчас я иногда думаю, что бог готовил меня к расставанию с сыном», — говорит мать.

— Вообще он любил компьютеры, — говорит бабушка. — Но пошел в Чусовой, раз к дому ближе. Выбрал бы профессию по интересу, может, иначе жизнь сложилась. Учился и в армию бы не торопился.

Армия

— Осенью 2020-го года сказал, что мальчишки из группы в армию идут, и он пойдет, — вспоминает Татьяна Пантелеевна. — В конце ноября 2020 года ушел по призыву, а уже 10 февраля подписал контракт. В «Пятерочке» он получал 18 тысяч в месяц. А по контракту — 24 тысячи. Говорил, что служба ему нравится. Они с друзьями сняли квартиру и каждый день ездили в часть. Только автобус туда не ходил, пришлось ежедневно на такси скидываться — это ему не нравилось.

По словам мамы, в армию Андрей не рвался, но в целом к перспективе служить относился спокойно. Его друг детства Саша призвался на сутки раньше. Андрей его проводил и следом уехал сам. В первый же день службы он позвонил матери из распределительного пункта и радостно сообщил, что его уже «купили» в Белгородскую область. Александра испугалась: там же граница с Украиной; но он ее успокоил, что сейчас здесь тихо. Его распределили в недавно построенную воинскую часть.

— Как человек в погонах, я сильно переживала за сына, — признается Александра. — Понимала, что там что угодно может произойти. Армия — это та же зона. В декабре у него возникли проблемы. Он перестал со своего номера звонить и писать, раз в три дня писал с разных номеров «У меня всё хорошо». У нас было кодовое слово. Перед отъездом я ему сказала, если вдруг станет невмоготу, и ты будешь на грани, напиши «У меня всё замечательно». Ночью 16 декабря пришло сообщение: «Мама, у меня всё замечательно. На этот номер не пиши». Я увидела сообщение утром, меня затрясло. Сразу начала искать контакты того, кто поможет. Написала Санниковой в «Комитет солдатских матерей», попросила помощи, объяснив, что мой сын прислал кодовое слово.

Правозащитники обратились к замполиту части, сказав, что мама просто беспокоится, что сын на связь не выходит. Александре позвонил замполит, рядом с ним был Андрей. Он дал парню трубку и тот рассказал, что у него всё хорошо. А что он еще скажет, стоя рядом с начальством? Но уже вечером сын перезвонил маме и рассказал, что его «сильно прессовали» дагестанцы. Они так его дергали за нательный крестик, что перетерлась кожаная веревочка, на которой тот висел. Крестик обидчики выкинули.

— Я спросила: «Тебе как-то помог замполит?» Он ответил: «Да», — продолжает женщина. — Объяснил, что тот при всех сказал: Андрей — внук генерала. Как ни странно, но хитрость офицера на «дедов» подействовала.

Позже сын объявил, что написал рапорт на контракт, и мать потеряла покой. Ему она, конечно, сказала, что это его выбор, который семья примет в любом случае. Но сказала, что можно еще отказаться.

— Но он на контракт хотел, — говорит мама. — У него 9 классов образования, работы тут нет. Я на своей точке зрения не настаивала, не навязывала ему свое видение ситуации… Может быть, и зря. Так же, как и с учебой. Когда он в техникуме учебу забросил, я туда ездила, убедила не отчислять. Потом прямо спросила: ты хочешь здесь учиться? Ответил, что нет. Мне пришлось забрать документы, так как он был еще несовершеннолетним. Я дала ему возможность жить самостоятельно.

— Я никогда не просила его разорвать контракт, — иначе смотрит на выбор внука бабушка. — Как? Он же присягу принял. Уже слово дал, значит, всё, нужно выполнять приказы. И как потом с этим жить? Кто-то погибнет, а ты [убежал], разорвав контакт. За что внук погиб? Обидно, что из-за этих украинцев. Восемь лет терпели. А сейчас что? Посмотрите недавние новости про этих «азовцев». Их выводят, раненых сразу на больничную койку под присмотр врачей. А почему мой внук умирал и никого рядом не было? Зачем таких мальчишек посылать? Это же не война. А в спецоперации лучше бы профессиональные военные участвовали, с боевым опытом. У него, смотрю, по стрельбе «двойка» стоит. Спрашивала: «Андрюшка, это что такое?» А он: «Ба, у меня автомат даже без мушки».

Украина

— Я смотрела поздно ночью 22 февраля обращение президента по поводу признания ЛДНР, потом часа три плакала, — вспоминает мать погибшего. — Я сразу поняла — война. Меня ребенок младший успокаивал, гладил: «Мама, не плачь». Незадолго до этого Андрей мне сказал, что, если Путин признает республики, значит, армия перейдет границу с Украиной. И я страшно испугалась за сына, поняла, что туда отправят контрактников. И он боялся, конечно, только мне не показывал. Я всегда его чувствовала…

23 февраля незадолго до полуночи Андрей позвонил и сказал, что они уходят «за ленточку», одной ногой в Украине уже.

— В декабре прошлого года Андрей бросил курить, — продолжает мать. — А за пару часов до пересечения границы Украины всем неожиданно выдали по пачке сигарет. В тот момент парни в части всё поняли. Знаете, как раньше перед боем 100 грамм наливали, теперь сигареты выдали.

24 февраля Александра проснулась и сразу потянулась за телефоном. От сына не было сообщений. Обычно они каждое утро здоровались. Мама ждала. На следующий день написала его девушке, есть ли у нее новости. Та ответила, что было только одно сообщение: «Я живой. Мы на Украине. Захватили блокпост».

— Следующий звонок был 8 марта с чужого номера, определяемого как из Ростовской области, — вспоминает Александра. — Он меня поздравил, а я не сдержалась — заплакала. Сын расстроился, говорит, зря позвонил... А я ведь эти две недели без связи и какой-либо внятной информации от его руководства. Уже и к экстрасенсам обратилась. Они отвечали, что Андрей жив-здоров, вернется домой. Он звонил еще на следующий и последующий дни.

Последний раз мать с сыном разговаривали 21 марта. Это был обычный разговор, мол, всё нормально. Но прозвучала и необычная история: что один из солдат прострелил себе руку — его увезли. Александра изумилась: как это? Он же мог себе кость задеть, инвалидом стать. Сначала подумала, что случайно прострелил, а Андрей сказал, что специально.

— Почему я ему не сказала: «Сделай так же»? — плачет мама. — Говорила только, чтобы молился. А он в ответ: «Мама, некогда молиться. Даже спать некогда». Я ему говорила, чтобы они ничего не брали у местных. Он ответил, что они сами с местными своими сухпайками делятся. Единственное, как-то сказал, что из деревни ушли многие люди, и солдаты ловят оставшихся курей, суп варят.

— *Ноги мерзнут?*

— *Нет. Думаешь, это сейчас важно?*

— *Видел мертвых?*

— *Да, мама.*

Смерть

— В ночь на 27 марта я проснулась около пяти утра, — вспоминает Александра. — С того момента так и просыпаюсь еженощно в это время. Я всегда молилась: «Господи Иисусе Христе, спаси и сохрани сына моего...» И вдруг я поймала себя на том, что сказала молитву немного иначе: «Спаси и сохрани НОВОПРЕСТАВЛЕННОГО сына моего». А я в тот момент даже такого слова не знала. Узнала его только после того, как мне официально объявили о гибели Андрея, и я купила специальный молитвенник и в нем прочитала, что в течение 40 дней после смерти погибший считается новопреставленным. В общем, в ту ночь я споткнулась на этом слове, поправила себя и продолжила уже привычную молитву. Но покой потеряла. Молилась каждую свободную минуту. Даже на работе. Стоило остаться одной, падала на колени и молилась о своем сыне. Последнюю неделю даже разговаривать с коллегами перестала, в мыслях всё время просила Бога сберечь моего сына. У меня было предчувствие беды, но я вымаливала своего ребенка: «Господи, пускай хромой, косой — верни мне его». Я верила в силу материнской молитвы, что она станет оберегом для моего ребенка.

4 апреля Александра была на работе. Ближе к четырем часам дня ей написала девушка сына. Она переслала переписку со своей приятельницей, которая жила в Валуйках Белгородской области (где стоит воинская часть) и была знакома с Андреем и его сослуживцами. Девушка писала, что Андрей погиб, — они с сослуживцами попали под артобстрел. Фоминцев успел выпрыгнуть из БТР, но его ранило то ли в руку, то ли в ногу. Он остался под обстрелом, забрать его военные не мог-

ли. Как следует из переписки, вернулись за ним только утром, он смог отползти на несколько метров от подбитого БТР, но умер от потери крови.

То, что писали о произошедшем друзья Фоминцева, от официальной версии отличается. С тех пор мать так и не знает, чему верить. Она всё время пытается узнать правду, нашла почти всех, кто был рядом с Андреем под обстрелом в тот день.

Позже мать встретилась с его командиром взвода. Его отпустили в отпуск на 10 дней, и они столкнулись случайно в магазине. Говорит, командир побледнел, когда ее увидел.

— Его просто оставили умирать, — плачет Александра. — Сняв с себя бронежилет и бросив автомат, он полз, пока не истек кровью. Ему просто не оказали помощь. За ним приехали только утром. Спасибо, что хоть тело забрали, привезли мне. У меня есть его могила, только этим теперь живу. Хотя не могу ходить на кладбище, не могу...

Из военкомата о гибели Андрея матери сообщили 5 апреля. Официальная версия — ранение в живот, несовместимое с жизнью, умер мгновенно. Привезли сына 8 апреля. Офицер сказал, что цинк не запаян, рядовой в хорошем состоянии, его не разорвало и не горел. «Будете смотреть?» — «Да». Родители доски убрали, а цинк запаян.

— Я на минуту засомневалась, вдруг гроб перепутали, — признается Фоминцева. — А там же у меня мама, папа, другие люди. Чтобы гроб вскрыть, надо болгаркой резать. С отцом Андрея подумали и сказали, что вскрывать не будем. Гроб в поселковом клубе стоял. Ночью, когда все ушли, я осталась одна. Походила, поговорила с сыном. Под утро я мужу сказала: «Давай вскрывать». Я уже не сомневалась, что внутри Андрей, мне отдали его вещи, но прощаться сквозь цинк?.. Принесли открывашку, как в консервной банке сделали небольшое окошечко. Не было ни запаха, ни цвет кожи не изменился. Как будто спит. Только рот перекошен, словно застыл в крике. Мой ребенок больно умирал, кричал, на помощь звал...

Деньги

После гибели рядового Фоминцева его семье заплатили трижды. «Путинские» — 5 млн, страховка военнослужащего — 1,4 млн и еще одна страховка от Минобороны — 4,2 млн. Ожидается, что будет еще региональная выплата — 1 млн. Все полученные суммы делятся поровну между родителями Андрея.

— Мне сказали, что я могу подать в суд, раз бывший муж ни разу не платил алименты, ему эти выплаты не положены, — говорит Александра. — Но я не хочу. Андрей любил родителей и хотел помочь нам обоим.

У старшего Фоминцева теперь нет детей. Андрей был его единственным сыном.

На деньги, выплаченные государством за гибель сына, купили 2-комнатную квартиру за 1,4 млн рублей в Чусовом и дачу. Мать и отчим Андрея, оба работавшие в колонии, вышли на пенсию. Александра теперь занимается младшим сыном, стараясь восполнить всё то общение, что недодала и не получила со старшим. Муж устроился работать в магазин. Ездить в город из Всесвятской на работу — отдавать по 300 рублей ежедневно на дорогу, поэтому решились на переезд. Бабушку тоже планируют забрать из поселка.

— Перед увольнением я получала около 40 тысяч рублей, в предыдущие годы зарплата была 20–28 тысяч рублей в месяц, — говорит мать погибшего. — Но у нас были кредиты. Несколько лет назад мы купили квартиру в поселке на материнский капитал, а она требовала ремонта и была абсолютно пустая: ни посуды, ни мебели, ни техники. Сейчас переедем в город.

— В городе Давиду лучше будет учиться, детям и молодежи здесь нечем заниматься, — говорит бабушка Андрея. — По вечерам на остановке стоят и пьют пиво. Вчера только видела Сашку, друга Андрюхиного. Он на год старше, тоже в горячей точке побывал, когда в армии служил. Поговорили.

— Баб Таня, как дела?
— Нормально. Ты чего? Давно не видно.
— Я много пью.
— Саша, ты теперь должен жить за себя и за Андрея,
а не пить.

Он соглашается, а сам дальше пьет. Так он после армии нигде и не работает, тоже с бабушкой живет.

Посмертно Андрею Фоминцеву вручили орден Мужества. По словам Александры, его вручают всем погибшим во время «спецоперации». Этот орден не дает никаких льгот, он вообще ничего не значит. Льгота есть в другом: сегодня все участники «спецоперации» приравнены к ветеранам боевых действий, и женщина оформляет удостоверение члена семьи ветерана — это дает скидку при оплате коммунальных услуг, гарантирует пенсию на пять лет раньше (но Фоминцева уже пенсионер) и региональные выплаты. Это около 10 тысяч рублей (сумма зависит от региона), если заявился один член семьи, если больше — эта сумма делится на всех.

Квартиру во Всесвятской можно купить за 100–300 тысяч рублей. Во всём поселке 308 квартир, примерная стоимость их всех — от 30,8 до 92,4 млн рублей. Вся Всесвятская стоит как две трети танка Т-90 в базовой комплектации или как восемь бронированных боевых машин «Тигр».

Кладбище

— Все затраты по организации похорон взял на себя военкомат, мы покупали только водку, — говорит Татьяна Пантелеевна. — Уж не знаю, почему, но алкоголь в расходы нельзя включать.

Мы приехали на поселковое кладбище: множество могил, хаотично расположившихся между деревьями в лесу. Могила Андрея видна сразу — на ней много искусственных цветов и венков. На одном из венков — симметрично расположенные двуглавые орлы из пластика, покрытого краской под золото. Внутри орлы полые, со штампом «Made in China».

— Вот, Андрюшка, выучишься, в армию сходишь, потом годик поработаешь и можно жениться, — говорит пенсионерка. — Как внуков дождусь, можно бабушке и умирать со спокойным сердцем. А теперь что? Огород копаю и плачу, ем и плачу, телевизор смотрю и плачу. И всё жду, что вечером откроется дверь, и Андрюшка крикнет: «Бабуля, я дома!»

После 40 дней со дня гибели сына мать Андрея перестала спать. Говорит, все засыпают, а она в подушку рыдает, воет. Понимает, что сын больше не вернется. До сорокового дня было отрицание, что это правда, на могилу женщина не ходила. Всё время была на таблетках, потом поняла, что нельзя так, пора в реальность возвращаться. Перестала пить антидепрессанты, и стало совсем плохо. Теперь с ней постоянно работает психолог, которого предоставили в соцзащите.

— У моего сына часы, которые были на нём в момент смерти, каждый час пикают, а в 6 утра негромко срабатывает будильник. До этого момента спать не могу. Лежу и слушаю короткий тихий сигнал каждый час. Засыпаю после будильника, и в этот раз снится мне, что я держу в руках его окровавленную курточку, почему-то гражданскую. Хожу по большому помещению, везде заглядываю и зову сына по имени. Захожу в большой спортзал: «Андрей! Андрей!» И вдруг ко мне подкатывается мячик. Я его отпинываю, он ко мне обратно катится. И я поняла, что это сынок хочет со мной поиграть. Так мы поиграли какое-то время, но я его не вижу. Вдруг мяч остановился. Тишина. Я подумала, хорошо, что сын хоть какую-то весточку мне подал. Выхожу из спортзала, там Андрей на лавочке в коридоре сидит.

— Сыночек, — шепчу.
— Мама, хватит меня звать. Ты меня каждый раз к себе с неба притягиваешь. Это очень больно.

И он дал мне почувствовать, что он ощущает, словно тысячи иголок пронзают тело.

— *Мы там все живые, мама, мы чувствуем боль.*
— *Ты по нам скучаешь?*
— *Канеш (именно так).*

Мы обнялись. Я его целую-целую: лицо, щечки... Я чувствую его тело, как наяву. Секунда — и он исчез из моих рук. Проснулась. Поняла, что хватит его звать. Пусть таким странным образом, но мы попрощались, — заканчивает Александра.

*

На младшего сына Александры гибель брата тоже сильно повлияла. В последнее время он почти не учился, срывал уроки — во время занятия начинал горько плакать. Сейчас с ним тоже будет работать психолог.

Александра загружает себя работой с утра до ночи — только бы не думать.

— Он был добрым мальчиком, — вздыхает она. — Знаете, есть такие мужчины, которые рвутся на войну. Андрей — не хотел, не его это было. Для меня, как для матери, это просто убийство. По другую сторону тоже ведь чьи-то сыновья погибают. Я сейчас не смотрю ни одни новости. Когда знаешь всё это изнутри, новости уже не убеждают. Я вот всё думаю, от чего смерть моего ребенка спасла? Может, от совершения страшного преступления? Или от плена и пыток?

Я не думала о спецоперации, не оценивала ее. Но сейчас понимаю, что идет война, гибнут люди... Зачем она нужна?.. Говорят, чтобы предупредить, чтобы на нас не напали, чтобы не было распространения лабораторий, что фашизм там столько лет. Почему вы тогда раньше ее не начали, раз всё так плохо? Почему дождались, когда все эти угрозы приобретут такие масштабы? И еще: если мы опасались, что украинцы на нас нападут, то пусть бы они и попробовали — обороняться всегда выгоднее, чем атаковать. И армия наша была бы сильнее, и весь остальной мир был бы на нашей стороне. Если, как говорят, разведка докладывала о готовящемся нападении, надо было просто мощную оборону выставить — никто бы не рискнул сунуться. И мой сын был бы жив.

3.

25 августа 2022 года
Сто восемьдесят третий день войны
Регион: Хабаровский край

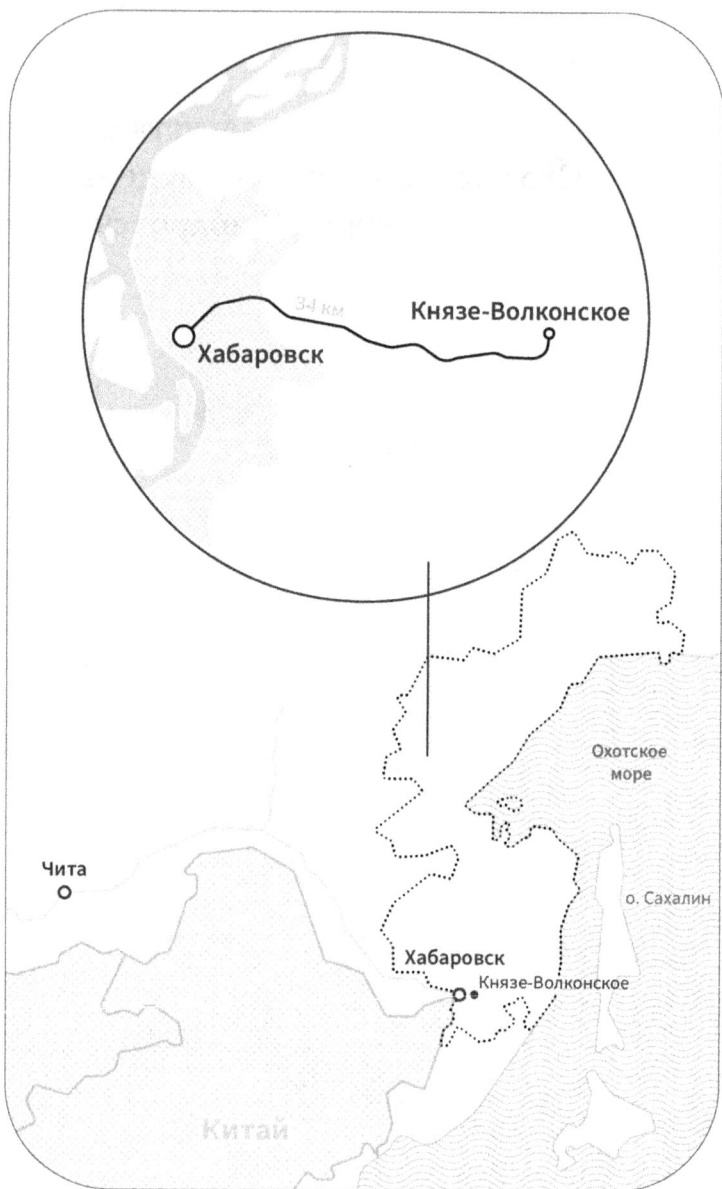

Хабаровск

Князе-Волконское

34 км

Чита

Охотское
море

о. Сахалин

Хабаровск

Князе-Волконское

Китай

Ветеринар и живодеры

*Медик с Дальнего Востока отправился защищать
«русский мир» в Украину и оказался в 64-й бригаде,
среди убийц Бучи. Вот его свидетельства*

Наталья Суворова

«Мне стыдно, что я военнослужащий этой бригады», — написал нам в редакцию глубокой ночью военный медик из Хабаровского края Алексей Асташов. Так он отреагировал на только что вышедший фильм-расследование «Важных историй», где его сослуживец по 64-й отдельной мотострелковой бригаде признается в убийстве мирного жителя в Украине.

«Этот рассказ я слышал от него лично, но тогда не поверил — мало ли какие байки пацаны травят», — говорит Алексей.

Всего лишь полгода назад, 25 февраля 2022 года, 34-летний начальник ветеринарной службы Верхнебуреинского района Хабаровского края Асташов отправился в военкомат поступать на службу по контракту. Накануне он вместе с коллегами на работе смотрел по телевизору выступление президента Путина и слова о начале «спецоперации» воспринял как воззвание к народу. Алексей надеялся, что его возьмут медиком, но согласен был идти и пулеметчиком, «чтобы бить нацистов и защищать русский мир».

В начале апреля в составе пополнения он прибыл в Украину и скоро обнаружил, что пресловутая защита «русского мира» больше похожа на гражданскую войну и что собственное же начальство относится к защитникам как к расходному материалу. В конце июля Алексей вернулся в пункт постоянной дислокации бригады в поселке Князе-Волконское под Хабаровском и написал рапорт об отказе участвовать в «спецоперации».

Как вышло, что всего за шесть месяцев идеологически мотивированный доброволец-контрактник превратился в противника войны, которому стыдно за свою бригаду, — об этом «Новой газете Европа» рассказал сам Алексей Асташов.

От редакции:
«Новая газета Европа» понимает, что этот материал может иметь для героя публикации определенные последствия — вплоть до уголовного преследования. Мы несколько раз предлагали Алексею изменить его имя и фамилию в нашей статье. Но он всегда отказывался. Текст статьи он видел до публикации и еще раз попросил нас сохранить его «имя и должность, коими они являются». Написал: «Все риски и ответственность я беру на себя». Мы поняли, что это решение было для него принципиальным.

Купил берцы, взял пулемет

— На первом же построении командир приказал отдать пулемет другому, а меня назначил командиром отделения сбора и эвакуации раненых, — объясняет Алексей, почему он, ветеринарный врач с высшим образованием и курсом по тактической медицине за плечами, подписал контракт с Министерством обороны как рядовой пулеметчик.

По видеочату Google Duo он показал свой военный билет: разворот с фотографией и страницу, где указаны военные специальности. Карьеру в бригаде он начинал именно на должности пулеметчика.

Асташов был знаком с реанимацией и с анестезиологией не только как ветврач, но и как тактический медик, умел перевязывать раны и останавливать кровотечение, то есть владел всеми необходимыми навыками для оказания первой помощи раненым. Но медиком, как он хотел, его не взяли. Формально — из-за отсутствия у него профильного медицинского образования и лечебного сертификата. По словам Алексея, его это даже не расстроило.

В 2015–2016 годах в составе гуманитарной миссии он привозил в Донецкую область груз медикаментов. «За две недели я видел обстрелы, слышал жалобы людей, нуждавшихся в помощи. Я понимал, что АТО (*Антитеррористическая операция — так в Украине официально называют войну в Донбассе 2014– 2018 годов. — Прим. ред.*) с юридической стороны примерно то же самое, что контртеррористическая операция России в Чечне, но всё же это был акт агрессии Украины, и люди страдали!» — объясняет Алексей свои идеологические мотивы.

Поэтому слова президента о начале военной операции с целью «защиты людей, которые на протяжении восьми лет подвергаются издевательствам», вызвали у Алексея самый горячий отклик. На защиту «русского мира» он готов был ехать хоть минометчиком, хоть пулеметчиком. И всё же он надеялся, что будет заниматься именно ранеными.

Еще до подписания контракта он знал от знакомого из 64-й бригады, что там имеется проблема с медиками: формально был полный комплект, но многие медицинские должности занимали военнослужащие-женщины, часто чьи-то дочери, жены, любовницы. Женщин на спецоперацию не привлекали. Найти им замену в сжатые сроки и закрыть вакансии военными медиками мужского пола было почти нереально. Так и вышло.

Он купил за свой счет форму, заплатил пять тысяч за хорошие белорусские берцы, так как на складе их ему не досталось. И в начале апреля военно-транспортный самолет доставил контрактников в Беларусь, где они соединились с частями 64-й бригады, выведенной после боев на Киевском направлении. «Бригаду потрепало, были потери. По рассказам пацанов, у каждого из них кто-то погиб или был ранен», — говорит

Алексей. Из Беларуси эшелоном их доставили в Белгородскую область, а уже оттуда они пересекли «ленточку» и зашли в Харьковскую область.

Алексей прилетел с новеньким пулеметом, а потом по приказу командира бригады передал его другому военнослужащему, Юрию, с которым они подружились. «Он потом погиб, а пулемет мой куда-то потерялся», — рассказывает Алексей.

Как командир отделения он принял под свое командование армейскую скорую — медицинский бронеавтомобиль «Линза» для эвакуации раненых с переднего края до ближайшего госпиталя. В других экипажах военных скорых функции доктора или фельдшера выполняли офицеры — начальник медслужбы и командир медицинской роты. По штату эти должности должны занимать сержанты и прапорщики, но те остались в Хабаровске.

Боевое крещение

— Его три часа не могли достать из лесополосы. Пока нашли, он столько крови потерял! Внутривенку ему сделал, качал его всю дорогу, но всё равно спасти не удалось — от кассетного боеприпаса ранения были ужасными, — горюет Алексей, вспоминая свою первую личную потерю — своего друга Юрия Луценко, 30-летнего хабаровчанина, отца двоих детей. Того самого, кому он передал свой пулемет.

Юрий погиб 17 апреля. Их разведгруппа попала под обстрел ракетной системы залпового огня «Ураган». Юрий получил серьезные ранения, но под шквальным огнем его долго не могли достать из лесополосы. Только через три часа сослуживцы на БМП привезли раненого в гнездо эвакуации, где нес дежурство экипаж «Линзы» Алексея Асташова. В их задачу входило оказать раненому первую врачебную помощь и как можно быстрее доставить его в ближайший госпиталь. Тем более что необходимый для спасения «золотой час» уже миновал.

— Юрий был очень сильный, долго продержался, буквально 10 минут не дотянул до госпиталя. Характер его ранений был очень серьезный, — поясняет Алексей.

В своем полевом блокноте, куда он вносил краткие данные о раненых и погибших бойцах, находит страницу с датой 17 апреля:

— Так, Луценко, пятая мотострелковая рота, «200» — сочетанная МВТ, геморрагический шок, болевой шок, — перечисляет он.

МВТ — это минно-взрывная травма. В тот день в его блокноте записаны: один «двухсотый», четверо «трехсотых», а также упоминание о пятерых легкораненых (две контузии и три огнестрела), отказавшихся от госпитализации. Данные о выбывших после их доставки в госпиталь командир отделения Асташов доложил в штаб, чтобы человека не объявили пропавшим без вести или дезертиром.

В день, когда бригада впервые пошла в наступление и подверглась первому для Алексея артобстрелу, его экипаж на своем медицинском «броневичке» менее чем за сутки доставил в госпиталь более 30 раненых. За один вечер погибли 12 человек. «Такой шок для организма: и физическая нагрузка, и психологическая», — вспоминает Алексей.

Тот день он называет своим боевым крещением.

— Делал, что должен доктор: проводил реанимационные мероприятия, дополнительно обезболивал человека, готовил его к транспортировке: затыкал «отверстия» гемостатическими средствами, накладывал повязки, стабилизировал состояние, а потом везли в госпиталь, — рассказывает он о своих трудовых буднях.

Со своими обязанностями хирурга-реаниматолога Асташов вполне справлялся, но оклад ему платили по 2-му тарифному разряду — как рядовому бойцу в должности пулеметчика. Это примерно 31 500 рублей. Вместе с боевыми и ежемесячной выплатой в размере двух должностных окладов выходило примерно как у врача московской скорой во время пандемии, но без обстрелов.

Когда через полтора месяца экипаж выехал на ремонт машины в Белгородскую область, в лагере сбора Асташов написал рапорт на офицерское звание и должность. По его словам, армейские кадровики заверили его, что по прибытии в пункт постоянной дислокации бригады в Князе-Волконском его поставят на должность командира взвода с присвоением звания лейтенант. Где-то через месяц Асташов полетел в Хабаровск и зашел к начальнику кадров: «Меня откровенно послали на хер с формулировкой "у тебя краткосрочный контракт на год, подписывай еще на три, тогда, может быть, дадим"». Тогда пулеметчик с высшим образованием написал рапорт на должность командира отделения.

Рассказывая о попытках получить должность в соответствии с выполняемыми обязанностями, Алексей каждый раз оговаривается, что шел на войну не ради денег. «Но обман, каким бы он ни был, угнетает», — говорит он.

Трофеи и гуманитарка

— На 80% наш «броневичок» был заряжен трофейной медициной, — в голосе Алексея слышится гордость профессионала, которому удалось достать дефицит и обеспечить своим пациентам наилучший уход.

В июне после ожесточенных боев на Славянском направлении в бригаде начались перебои с перевязочными материалами. И здесь выручали медикаменты, которые захватывали у частей ВСУ.

— Как манна небесная — гемостатики, обезболивающие, португальские ибупрофен и парацетамол, которые у нас заканчивались. Почти вся перевязка была американского, израильского, французского, польского производства, — делится Алексей.

До этого все средства для оказания первой помощи и реанимации полевые медики получали в ПМГ — передвижном медицинском госпитале. Но потом из- за проблем с логистикой и из-за переезда ПМГ на помощь «Центру» возникли перебои.

В полевых условиях бригада находилась с января, сначала на учениях, потом в боях. У военнослужащих начали проявляться заболевания, в том числе рецидивы хронических болезней. «Геморрой и зубная боль — это, наверное, самое безобидное», — не без сарказма говорит Асташов. А вот препаратов для лечения заболеваний по линии Министерства обороны почти не поставляли. Даже в госпиталь их привозили в виде гуманитарной помощи от населения.

Помощь военным начали собирать уже 24 февраля. Первыми включились жители приграничной Белгородской области, потом присоединились люди из других регионов. Организаторы помощи публиковали в соцсетях списки вещей, о которых их просили сами военные: средства гигиены, берцы, прицелы, квадрокоптеры, тепловизоры и тому подобное. Списки могли отличаться, но почти всегда в них присутствовали медикаменты. Их закупали волонтеры-медики и доставляли в военный лагерь под Белгородом.

В одном из них, в Уразово, 64-я бригада была дважды: при вступлении на территорию Украины и на краткосрочном отдыхе. Оба раза военную скорую заваливали под завязку. Антибиотики, противовирусные, обезболивающие, кремы, мази — вплоть до детских присыпок. «Всё пригодилось, большое спасибо людям», — говорит Алексей.

Однако с началом боев, когда пошли раненые, места в «броневичке» стало не хватать. Часть медикаментов Асташов отвез в госпиталь, а часть раздал в Изюме местным жителям, когда заезжал на рынок возле «голубенького» (Свято-Вознесенского) собора на Московской улице.

— Купили сигареты и молоко, а люди видят, что машина санитарная, хотя красный крест у нас был замазан. Подошла женщина с ребенком на руках и спросила, нет ли у меня нурофена или чего от жара для детей. Стоило мне протянуть ей руку с ибупрофеном, как вокруг машины выстроилась толпа, — рассказывает Алексей.

Представители «русского мира» просили лекарства от давления, от сердца, анальгин, аспирин… За 10 минут медики раздали людям две полные коробки с лекарственной гуманитаркой. Алексей зашел в церковь, поставил свечку.

Дольше стоять было опасно, так как город интенсивно обстреливался. Неоднократно доставалось и госпиталю, до недавнего времени располагавшемуся в лицее № 2. Военная скорая Асташова привозила туда «двухсотых», так как только там имелись холодильники для хранения трупов.

В другом крыле здания лицея располагалась комендатура и отдел ФСБ. По данным украинских СМИ, в лицее № 2 была устроена тюрьма. Позднее здание было уничтожено ударом ВСУ.

Алексей полагает, что красные кресты на машинах, вечно сваленные в кучу окровавленные носилки и несоблюдение светомаскировки могли послужить красной тряпкой для противника. Неоднократно обстреливался и госпиталь 321-го медицинского отряда спецназначения, он тоже находился в Изюме. Возле госпиталей пару раз под обстрел ВСУ попадал и экипаж Асташова.

Поэтому еще в марте поступило распоряжение замазать красные кресты на санитарных машинах. Медикам было приказано «не отсвечивать». По прибытии в район боевых действий Алексей сразу снял с рукава знак красного креста, но всегда принципиально с гордостью носил шеврон с эмблемой 64-й бригады. К тому времени номер ее уже назывался в числе российских частей, которые могут быть причастны к военным преступлениям в Буче.

Смятение

— Мне самому был интересен момент про Бучу, и я спрашивал бойцов о том, где они были и чем занимались на Киевском направлении, — рассказывает Алексей.

По его словам, все как один отвечали, что в Буче не были, а были только в Андреевке, Макарове и Бородянке.

Сообщения о мародерстве и массовых убийствах мирных жителей в пригороде Киева Буче появились в ведущих мировых СМИ в самом начале апреля. Би-би-си, Reuters, Al-Jazeera, AP и другие медиа со 2 апреля публиковали репортажи с фотографиями убитых в период с 5 по 31 марта, когда там стояли российские войска. Тела находили на улицах, во дворах, подвалах домов.

Жители Андреевки сообщили украинским СМИ, что в галерее «реквизированного» у них смартфона они обнаружили селфи и фотографии, сделанные российским военнослужащим. Позже выяснится, что это был ефрейтор 64-й бригады Даниил Фролкин.

«От него лично я слышал рассказ, но не поверил, мало ли какие байки пацаны травят», — подтверждает мне Асташов. — «А что он говорил?» — уточняем у него. — «Как расстрелял мужчину за фотографии в смартфоне по приказу [командира бригады] Омурбекова».

Позже Асташов выяснит, что часть военнослужащих бригады всё же была в Буче. А Фролкин через несколько месяцев сам расскажет журналистам, что убил гражданского.

18 апреля президент Путин своим указом присвоил 64-й отдельной мотострелковой бригаде почетное наименование «гвардейская».

В 20-х числах при наступлении на Великую Камышеваху в Харьковской области бойцы захватили полевой медицинский пункт ВСУ. Среди бумаг оказались списки личного состава украинской части. Любопытства ради Алексей взял их посмотреть. Его внимание привлекло то, что чуть ли не у половины украинских военнослужащих были русские фамилии. Одновременно он вспомнил, как много среди его однополчан тех, кто носит украинские фамилии.

— Я держал в руках списки с русскими фамилиями, находясь на территории Харьковской области — не Луганской, не Донецкой, а ведь я ехал на СВО под эгидой освобождения ДНР и ЛНР. В душе у меня возникло смятение. Я понял про имперские амбиции, понял, что являюсь участником, по сути, гражданской войны, — рассказывает Асташов.

Тогда, по его признанию, у него случился «психологический надлом».

Потери: 200-е, 300-е и 500-е

— Жалко всех, но когда погибает такой высококвалифицированный человек, жалко вдвойне. Блин, ребята, ну нельзя же относиться к людям как к расходному материалу! — до сих пор горюет Алексей о молодом враче, выпускнике столичного медвуза Михаиле Кузине.

Кузин служил хирургом в госпитале, но из-за нехватки медиков нередко занимался эвакуацией раненых с передовой. 3 июня он и еще двое военных медиков вывозили раненых на МТЛБ (многоцелевой тягач легкобронированный). «Это консервная банка с броней в 3 мм, коробка из-под холодильника — и то безопаснее», — характеризует эту технику Асташов. Автомобиль попал под обстрел и, уходя из-под огня, налетел на мину. Экипаж и оба раненых погибли.

Посмертно Михаила наградили орденом Мужества. Фотографию военврача поместили на огромный стенд в месте постоянной дислокации бригады в поселке Князе-Волконское. В самом верху на нём написано большими буквами: «Памяти павших будем достойны», ниже размещены фотографии 44 военнослужащих 64-й бригады — кавалеров ордена Мужества, погибших на территории Украины и ЛДНР. В нижнем ряду слева висит фотография Михаила Кузина.

Снимок стенда Алексей разместил на свой странице «ВКонтакте» (на момент публикации страница удалена, но фото успели перепостить в украинских пабликах).

— Совокупность безвозвратных боевых, санитарных и психологических потерь фактически уполовинила бригаду, — говорит Алексей, имея в виду состав бригады по состоянию на 24 февраля.

Санитарные — это потери по заболеванию. Психологические — это «отказники», те, кто отказался от участия в «СВО». Их обозначают кодом 500 — «пятисотые». Сколько в бригаде «пятисотых», Алексей точно не знает. Несколько десятков. По его словам, отказы пишут и кадровые военнослужащие, офицеры, находящиеся в пункте постоянной дислокации.

На памяти Асташова самые большие потери бригада понесла в Киевской области, в боях за населенные пункты Заводы и Великая Камышеваха в Харьковской области, поселок Богородичное в Донецкой области и за «Шервудский лес» — так военные назвали густой лесной массив между Изюмом и Святогорском. Там было много как погибших, так и раненых.

— В апреле, после наступления на Заводы и Великую Камышеваху, бригаду должны были выводить. В ней были потери еще с Киевского направления. [Комбриг] Омурбеков отрапортовал командующему, что бригада полна сил и средств, что готова выполнить любые задачи, отказников нет, — вспоминает Асташов.

Командование оценило готовность выполнять приказы любой ценой: Омурбеков получил «Героя России», ему присвоили звание полковника, бригада стала «гвардейской». Не считались с потерями и другие командиры, рангом пониже.

В тех же сражениях командир 3-го батальона послал в наступление медицинский взвод, в результате он в полном составе выбыл из строя. «Майор Г. сказал: "Вы, медики, такая же пехота, дуйте в наступление!" Весь взвод "затрехсотил"», — рассказывает Алексей. Сам комбат в том бою получил ранение, его наградили орденом Мужества. В разговорах между собой военнослужащие критиковали майора за непрофессиональные действия.

В наступлении на Славянском направлении, южнее Изюма, бригаду еще больше потрепало, но пополнения ни личного состава, ни техники не было. В июне Азатбека Омурбекова самого тяжело ранило.

После тех боев в бригаде появились первые «пятисотые» (отказники), число их еще больше возросло после наступления на Богородичное и ожесточенных боев в «Шервудском лесу».

— Не было нормального взаимодействия между мотострелковыми подразделениями и артиллерией. Радиостанции — дерьмо, квадрокоптеры и беспилотники — в недостаточном количестве, — отвечает Алексей на вопрос о причинах потерь и просчетов, оговорившись, что «генштабов он не кончал». Потом, подумав, называет еще одну причину: скотское отношение к людям.

Обманки и обидки

— Когда я уезжал в Хабаровск, в пункт постоянной дислокации, наш начмед взял с меня слово, что я вернусь на «передок». И вдруг узнаю, что сам он написал отказ!

О начмеде Алексей отзывается с уважением: выпускник медакадемии, профессионал, преданный своему долгу. Офицер всё время занимался рекрутингом — искал медиков или хоть кого-то, кто мог оказывать бойцам первую медпомощь. То есть делал работу за кадровиков, которые не могли укомплектовать подразделение. Нехватка медиков была такой, что перед начмедом реально маячила перспектива пойти фельдшером в отделение эвакуации и сесть в ту самую «консервную банку» МТЛБ.

В «Шервудском лесу» ему и другим офицерам штаба вручили медаль Суворова, но после отказа от участия в «СВО» медаль у начмеда забрали. «Видимо, медали раздавали без приказа на бумаге, ибо лишить наград могут только по решению суда», — предполагает Алексей.

Все медики подразделения были представлены к медали «За спасение погибавших». Например, только экипаж Асташова за три месяца боевой командировки вывез с поля боя 174 раненых военных, которым удалось сохранить жизнь. Но наградные листы потерялись — на уровне то ли бригады, то ли 35-й армии или Восточного военного округа.

По его наблюдениям, отказы от участия в войне чаще вызваны не упадническим настроением и страхом за свою жизнь, а спровоцированы — Алексей снова употребляет это выражение — скотским отношением командования.

— Ребятам сказали, что они едут на учения, а оказалось, что их обманным путем заманили на спецоперацию, согласия у них никто не спрашивал. Они на учениях с января, устали, им постоянно обещают ротацию, но у росгвардейцев почему-то ротация проводится, а у нас нет, — перечисляет он «обидки». — Рассказывали, что всем раненым, даже легкораненым, например, контуженным, положена компенсация. Люди отказывались от госпитализации и шли в бой, а мы, медики, писали рапорта о том, что бойцу действительно была оказана помощь, был извлечен осколок, к примеру, чтобы позже он мог оформить в ПМГ форму 100. Но компенсации они не получали, а ведь у многих по две-три контузии и осколочные ранения!

По его мнению, сослуживцы пишут отказы, потому что устали от обещаний и обманов. У Асташова тоже закралась «обидка». Когда в отделе кадров в Князе-Волконском ему отказались дать звание лейтенанта и должность комвзвода, он написал рапорт на должность командира отделения.

За 10 минут до вылета во вторую командировку в военный билет ему вписали «санинструктор». Несмотря на обещания, командную должность Асташову не дали. Зато пообещали направить его в более спокойное, но не менее «блевотное» место — в «522-й Центр приема, обработки и отправки погибших» в Ростове-на-Дону.

Дорога домой

В конце июля Алексей вылетел из Хабаровска во вторую командировку. В пути у командира группы он выяснил, что распоряжений о высадке санинструктора в Таганроге для отбытия в областной центр не поступало и что вместе с пополнением он летит в конечный пункт назначения для отправки в Херсон.

На борту Алексей рассматривал пополнение — контрактников-«полусрочников» 2002–2003 годов рождения. По его признанию, боль и смерть таких молодых ребят наблюдать было тяжелее всего: «Многим удалось помочь, но никогда не забуду "кошачьи глаза" мальчишек, которых не удалось спасти».

Это выражение — «кошачьи глаза» — он, ветеринарный доктор, услышал на «спецоперации» от военных медиков. Этим термином обозначают посмертное явление, когда зрачок перестает реагировать на свет.

«Ты смотришь в глаза человека, прямо в его душу, или он на тебя смотрит, в твою душу, и уходит при тебе, испускает дух — это самое сложное. Я осознал, что умру или сойду с ума, если опять буду закрывать глаза таким мальчишкам», — объясняет Алексей.

В Крыму он развернулся и полетел обратно в Хабаровск. Через двое суток добрался до части и подал рапорт об отказе участвовать в «СВО». В настоящее время Асташов находится в процессе увольнения из армии.

В начале августа он вернулся к работе на ветеринарной станции в поселке Чегдомын — это почти тысяча километров от Князе-Волконского. На прошлой неделе ему позвонили из части и попросили приехать в субботу, 20 августа, будто бы для подписания обходного листа. Когда Алексей прибыл в отдел кадров, его задержали для беседы сотрудники ФСБ и военной полиции, изъяли телефон и взяли объяснительную о публикации снимка с фотографиями погибших.

Сам стенд куда-то исчез, а на двери штаба висит фотография Даниила Фролкина и написано, что против него возбуждено уголовное дело по статье о распространении заведомо ложной информации (фейков) о Вооруженных силах РФ.

4.

11 октября 2022 года
Двести тридцатый день войны
Регион: Карелия

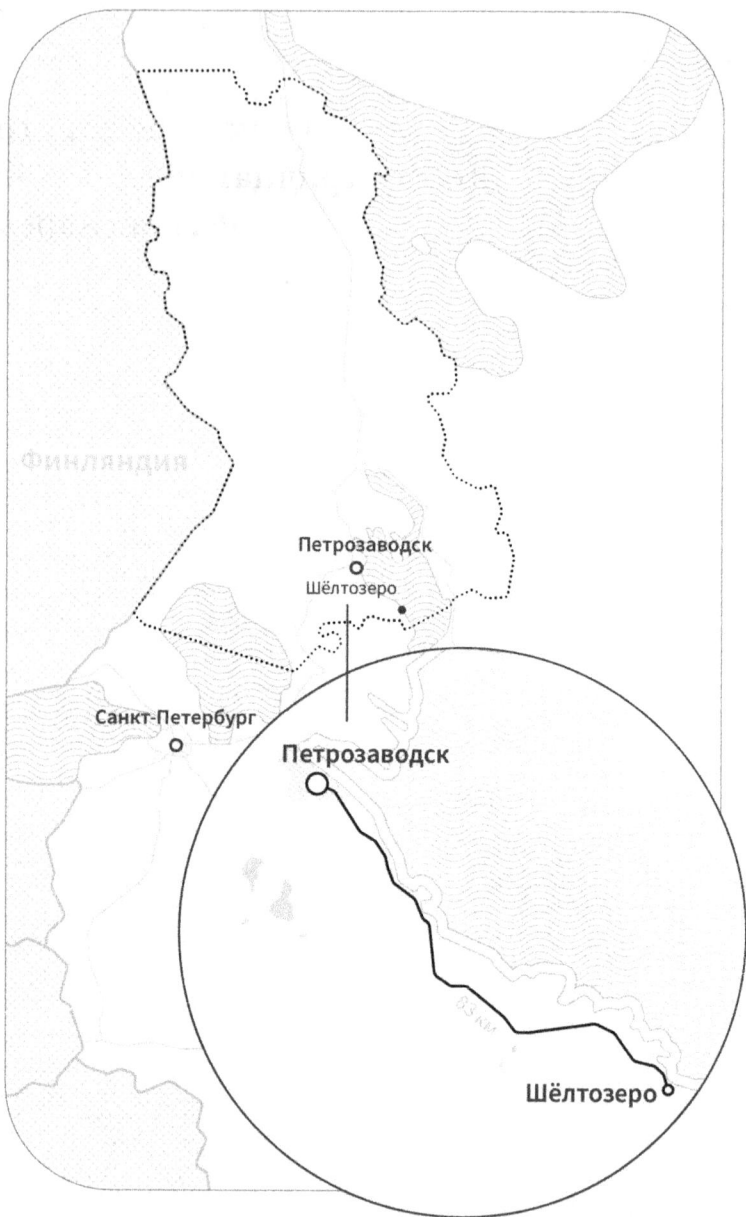

Финляндия

Петрозаводск
Шёлтозеро

Санкт-Петербург

Петрозаводск

Шёлтозеро

Сплошная клюква

*Чтобы избежать мобилизации, жители села в Карелии
ушли на болота за ягодой. Мы тоже туда съездили*

Ирина Купряхина

В карельском селе Шёлтозеро числятся 878 жителей, еще 467 — в соседней Рыбреке. Ни один из них
не ушел на войну с Украиной. Живут в этих селах при-
онежские вепсы, коренной малочисленный народ Се-
вера. Шёлтозеро и Рыбрека с окрестными деревнями
образуют Вепсскую волость, которая имела когда-то
национальную автономию, лишилась ее в 2004 году,
но дух вепсов, как вы скоро поймете, неискореним.
В момент «Ч», то есть как раз к получению повесток,
так совпало, что все 14 человек, подлежавших мобилизации в двух деревнях, оказались заняты сбором
клюквы. На очень дальних карельских болотах. «У нас
ведь сезон клюквы», — не моргнув, объясняли их односельчане. Когда на повестке дня у вепса клюква, ему
не до военных повесток.

— Да не верьте вы всему, что в интернете про нас пишут! —
громким голосом кричит мне сверху вниз продавщица в продуктовом магазине. Она стоит на табуретке и красиво рас-
ставляет на полке банки с тушенкой. — Во-первых, мы сами
не знаем, откуда эти сказки взялись. Во-вторых, у тех, про кого
это говорят, ни одной повестки на руках нет.

— У нас все ходят за клюквой, — кивает вторая продавщица внизу. — Октябрь месяц, люди зарабатывают деньги.

Молодая пара, юноша с девушкой, только что купили две
банки энергетика. Они подхватывают разговор.

— Сейчас урожай клюквы, а болота у нас большие, — кивает юноша. — Я, например, ничего такого не слышал. Но мне и повестка не приходила. А придет — прятаться не буду, пойду!

— Куда это «пойду»? — дергает его за рукав девушка.

— Да тихо ты, — вырывает он руку. — А чего, на десять лет садиться?

Он толкает подругу к выходу и ею, подругой, открывает дверь. Я успеваю сказать им вслед, что на десять лет за отказ мобилизоваться не сажают, максимум — штраф три тысячи.

— Чего? — резко поворачивается ко мне парень, и дверь вталкивает его подругу обратно в магазин. Выдержки из Уголовного и Административного кодексов на тему призыва вдруг вызывают у него живой интерес.

Вездеход

Карельское село Шёлтозеро находится в 30 километрах от границы с Ленобластью. Самый короткий путь сюда из Петербурга включает паромную переправу через реку Свирь — там, где она впадает в Онежское озеро.

Свирь делит на две части село Вознесенье. Википедия сообщает, что в годы Большого террора в селе Вознесенье были репрессированы 170 жителей. В сети есть фотоснимки 1942 года, и видно, что внешне Вознесенье с тех пор не изменилось, даже фонарные столбы те же, только покосились. На левом берегу Свири находятся Сбербанк, продуктовый магазин, почта, жилые дома и поселковая администрация, в которой сидит сотрудник военкомата. На правом — гранитные карьеры и еще пара деревень, административно относящихся к Вознесенскому поселению. Каждый день вознесенцам и жителям этих деревень приходится перебираться с одного берега Свири на другой. Река здесь ненамного шире Невы, но моста нет.

— Сами сколько живем здесь — столько мечтаем, чтобы мост был, — вздыхает женщина с большой сумкой в очереди на паром. — Продуктовый на этом берегу, а живу я на том.

Паром ходит с левого берега к правому раз в час с 6 до 23, переправа занимает минут десять, не считая очереди. Иначе — 80 км обратно в сторону Питера до Подпорожья, ближайший мост там. Ну или в объезд Онежского озера — примерно 700 километров.

— Кто не успеет на паром — можно заплатить раз в пять подороже, вас и перевезут, — советует мне продавщица в рыболовном магазине на левом берегу.

В пять раз дороже — это 850 рублей за легковушку. Жителю прионежских деревень, чтобы заработать такие деньги, надо часа три провести по колено в болоте, собирая клюкву.

Трое мужчин в очереди на паром вышли из машины. Они рассказывают мне, что работают на карьере, добывают карельский гранит габбро-диабаз. Камень хорошо идет на надгробья и очень полезен для печени, если прикладывать, а добывать его вредно, потому что габбро-диабазная крошка токсична. Но работать больше негде. Да и на карьере поди найди хорошую работу, туда всё норовят устроиться городские, из Петрозаводска.

— У нас в бригаде трех человек мобилизовали, — делится тот, что постарше, седой. — Позвонили на работу и говорят: на вас повестки есть, приезжайте. У нас военкомата-то нет как такового, а в Вознесенье при администрации сидит человек.

— И сами поехали за повестками? — переспрашиваю я.

— А чего не поехать? — удивляется седой. — Вот у нас один мужик был в Турции с семьей на отдыхе. Вернулся и рассказывает: жена с ребенком отдыхают, а у него все мысли только о том, что рядом украинцы проклятые, бандеровцы эти. Сил нет, говорит, смотреть! Приехали, отдыхают, понимаешь. И ничего ведь не сделаешь: морду набьешь — так тебя еще и с курорта выселят. Весь отдых ему испортили. Вернулся, а тут как раз повестки эти.

— И пошел бить «бендеровцев»? — жду я продолжения.

— А чего ему идти? — снова удивляется седой. — Ему повестка не приходила.

Вознесенье, где сами ездят за повестками, — это еще не Карелия, это Ленобласть. С парома машут рукой: можно заезжать. Моя машина умещается последней, но задний бампер висит над трапом. «Пять сантиметров вперед!» — командует капитан. Через десять минут я съезжаю на правом берегу Свири. В деревне Щелейки проезжаю мимо памятника деревянного зодчества — церкви Дмитрия Мироточивого. Конец XVIII века, висит табличка «Охраняется государством». Судя по состоянию церкви, уже не охраняется. Дальше деревня Гимрека. По данным 2017 года, в двух этих населенных пунктах проживают 35 человек. У дома в Гимреке встречаю недавнего знакомого, он ехал на пароме вместе с седым. Зовут его Миша.

— У нас троих призвали, а потом одного обратно вернули, — уточняет Миша рассказ товарища. — Это мой брат. У него ключица сломана была, пластина стоит. Он и не знал, что из-за этого не возьмут. Поехал, сам повестку взял, а его вернули.

Во двор с грохотом въезжает конструкция из четырех огромных колес. По пути я видела две такие же на шоссе, но рассмотрела только теперь. Это главный местный транспорт.

— Вездеход, — объясняет Миша с гордостью. — По болотам, по лесам ездит. У нас на таком ходят и зимой, и летом. На нем можно на болото за клюквой, он и в воде плавает.

За этой деревней кончается Ленобласть. Начинается Вепсская волость Карелии. Ненадолго появляется асфальт, потом опять исчезает. На покосившемся деревянном доме висит давно не стиранный российский флаг. Мне очень нужен бензин, еще больше мне хочется есть. Сухопарый человек в очках у дома с флагом неуверенно говорит, что где-то у Шёлтозера, кажется, есть столовая. Столовая там и вправду есть, но только для работников карьера.

— Я сам из Шёлтозера, и с мобилизацией у нас всё в порядке, — недобрым голосом отвечает мне мужчина в спецовке с логотипом карьера. — Повторяю: всё у нас хорошо, никто никуда не прятался.

Клюква

В октябре день в Карелии короткий, в шесть вечера уже темно. Но до самых сумерек вдоль шоссе стоят банки с клюквой и ведра с грибами. Торгуют основательно: домики, палатки, навесы. Торговля не кончается круглый год. Малина, черника, брусника с морошкой, потом клюква, в этом году она особенно уродилась. Круглый год — рыба вяленая, копченая, свежая: «только что бегала».

Вдоль шоссе идет худой подросток в дождевике, сапоги громко шлепают по асфальту. Капюшон надвинут на лицо, но видно, что под глазом у мальчишки фингал.

— Привет, Максик, за ягодой? — выходит из придорожного магазина продавщица и закуривает, на бейджике у нее написано имя — Мария.

Максик — первокурсник, поступил в Петрозаводский госуниверситет. Живет в городе, а на выходные ездит домой за клюквой.

— Ягода — это деньги, — хмуро отвечает он, пряча подбитый глаз. — Надо деньги зарабатывать.

— У нас кто не работает на карьере — все лесом живут, — поворачивается ко мне Мария. — На карьере-то хорошо зарабатывают, а больше работать негде. Все знают, куда ягоды нести, где их принимают. Там рублей сто за килограмм клюквы дают.

На шоссе к фонарному столбу привязана табличка «Клюква, морошка, черника». Рядом «Рыба копченая, вяленая, свежая» — это уже прибито на ладном невысоком домике с большим окном. Его сколотил под магазин Валера. Он и сестра его Наталья торгуют уже лет двадцать: с тех самых пор, как не стало завода, где работал Валера. Внутри домика установлены мощные морозильники, поэтому даже сейчас, когда морошка отошла, у Валеры можно купить килограмм за тысячу рублей. Копченая рыба есть, варенье — любое. Валера добывает сырье — Наталья перерабатывает и продает.

— Раньше у нас был завод — переработка древесины, мебель делали, — садится Валера на стульчик в своем магазине. — Керамический цех был. Была ферма, были поля. Ничего не осталось. Москвичи, питерцы ваши приехали, всё скупили, хапнули денег — и всё бросили. Вместо фермы на полях стоят дачи.

Литровая банка клюквы у Валеры стоит 250 рублей. Он сам торгует, перекупщикам не сдает.

— У них такая баночка 60 рублей выходит! — присвистывает Валера. — Это я полдня проведу по колено в болоте, а потом пойду за тыщу рублей всё сдавать?

Собирать клюкву — каторжная работа.

— Я могу в день, если не горбатиться, килограммов тридцать клюквы собрать, но надо, чтобы ягод много было, — хвалится Валера. — А знакомый у меня комбайном собирает. За полдня может 15 ведер десятилитровых набрать, но эту клюкву надо еще с болота вытащить. Вот он целый день и таскает — сколько ходок надо сделать на болото, чтобы всё вынести. Километра по три, по четыре, и всё в воде. Вездеход не у каждого есть, а без него ближе не подъехать. Опять же — бензин денег стоит. Кто-то живет в лесу по несколько дней в палатке, а потом разом всё вывозит.

Кроме ведер с грибами и ягодами, обочины дорог и заборы домов украшены большими самодельными щитами с рекламой. Кто-то предлагает услуги экскаваторщика. Кто-то — электрика. Один продает «дрова в сетках», другой — веники для бани, третий бани строит. Четвертый держит корову, продает молоко и навоз на удобрения. Безотходное производство. Деревни живут натуральным хозяйством: я тебе навоз — ты мне картошку.

— Примерно так и есть, — кивает еще одна продавщица клюквы, Лена. — Я фуру держу, а муж на ней камень возит с карьера на цеха. Когда объявили мобилизацию, я сразу подумала: заберут его — что я с фурой делать буду? И дома у нас тут — это вам не городские квартиры. Мужа заберут — я даже с насосом в доме не справлюсь, он зимой замерзает.

Примерно так подумали и другие в деревнях, услышав о мобилизации. У Любы тоже целый магазин при дороге, а построил его зять.

— Рыбку хотите? — выходит она наружу. — Форель есть копченая, есть судак.

В магазине холодильники, какие стояли в советских гастрономах, под стеклом — завернутая в полиэтилен рыба. И подписана от руки на бумажках: 1250 рублей — небольшой рыбец. Сверху — банки с неизменной клюквой. Чем бы тут ни торговали, без клюквы — никак.

— Зятю тоже пришла повестка, он и поехал, — вздыхает Люба. — А он у нас мужик в семье один. Он и пилит, и строит — всё на нем. Рыбу сам ловит, коптит сам. У нас хозяйство еще: куры, индюки, перепела, поросята. Как пришла эта повестка, мы с дочкой напугались: заберут его — и как мы? Слава богу, он съездил — и обратно вернулся. Он у нас водитель на скорой, сказали — скорую без него водить некому. А у Лепёшкиной забрали сразу и мужа, и сына.

Так я ехала вдоль деревень, останавливаясь у банок с клюквой и расспрашивая продавцов. Ехала от Петрозаводска к поселку Шёлтозеро. Деревня Ладва была мне не по пути. Но очередные продавцы клюквы подсказали мне поискать там семью Гориновых, где «мужика забрали при троих-то детях».

Ладва

Ладва — одна из самых крупных деревень Прионежья: здесь, по официальным данным, проживают две тысячи человек. И здесь есть уличные фонари. И еще идет удивительный ремонт дороги: ее не расширяют, две машины могут еле-еле разъехаться, но кладут новый асфальт и ставят белые поребрики. И никто не торгует клюквой. То ли покупать некому, то ли продавать.

— Тут д-дача у кого-то там дальше, — объясняет эту красоту низенький мужичок в красном, вышедший на дорогу вслед за большим тощим псом.

Его дом был первым, в котором горел свет в окнах, поэтому я и остановилась. Собаку, сказал мужичок, зовут Рекс. Свое имя назвать не захотел. Я спросила про семью Гориновых.

— У нас много в армию з-забрали, — заговорил он, сильно заикаясь. — У меня б-братьев двоюродных забрали. Игорь в котельной работал. Как пришла повестка, сказали, что работу ему не сохранят. А Юрик — он так, не работал. Халтуры брал. Один раз меня позвал, памятник надо было на кладбище поставить. Летом, осенью ягоды собирал, грибы. У него дом сгорел, мать погибла. Потом дом снесли. Юрик — он... Ну, понимаете.

Мужичок сделал жест у шеи: выпивал его брат Юрик. А когда мобилизовался, жена сказала, что это ничего, если компенсацию дадут.

В двух домах дальше света не было. Потом шли остатки пожарища, наверное, там жил Юрик. А после — неказистый, как и всё здесь, кроме нового асфальта, дом Гориновых, на него мне указал хозяин Рекса.

Худенькая женщина выглянула в окно, потом вышла мне навстречу. Это была жена Димы Горинова — Люба.

— Забрали — он и пошел, — пожала плечами хмурая Люба. — Везде говорят, что за отказ — десять лет тюрьмы. Воскресенье было, 25 сентября принесли повестку, а в понедельник утром сказали уже быть в военкомате…

Мы зашли в натопленную кухню. За столом сидели женщина в возрасте (Димина мама Вероника Казимировна), крупная девица, с распаренным лицом и в чалме из полотенца, и юноша. В стаканах — желтый напиток, под столом — банка из-под безалкогольной «Балтики». Девушка держала в руке смартфон экраном вверх, там кто-то смеялся хриплым голосом с блатными нотками. Вбежала девочка помладше, тоже в полотенце, крикнула бабушке, что ее очередь идти в баню. Люба взяла у дочки из рук трубку.

— Вот он сейчас звонит, спросите у него всё сами, — протянула она мне телефон.

На экране было написано, что звонит Demon.

— Призвали — значит, надо, — хихикнул голос в трубке. — Значит, нужен я. Не-е, я не потому, что тюрьмы боялся, тюрьма-то что мне. Потому что требует долг. Мой долг.

— Перед родиной, — подсказала дочка.

— Перед родиной, — согласился голос в телефоне. — Мы сейчас в учебке, Луга-3. Условия? Условия хорошие, отличные.

— Кормят замечательно, — подсказала мама.

— Кормят хорошо, — согласился Дима. — Тепло. Сплю под одной простыней. У нас тут человек сто с Ленобласти, остальные шестьсот — с Карелии. Казарм четыре штуки. Или побольше, я не помню. Кого-то «туда» уже отправили. Нам сказали, что мы тут до 25 числа. Этого месяца.

— Октября, — подсказала дочка.

— Октября, — повторил Дима.

Покупать для мобилизованного, сказал он сам, семье пришлось немного, «только разгрузку и балаклаву, остальное выдали на месте».

Я услышала, как за спиной у меня тихо вздыхает Люба. Диме 37 лет, но у них там и постарше есть.

— У всех семьи, — добавил Дима. — У меня семья привыкла, что я работаю!

— Ну ты уж так не говори, что семья привыкла! — вдруг подала голос Люба.

— Он не работал и не зарабатывал, — вставила мама.

— А тут буду зарабатывать, — возразил Дима. — Вот только что получил карточку и на жену оформил. Обещают 47 тысяч в месяц. Ну, я не знаю, сколько будут платить. Наверняка потом будет больше. Контракт у меня… Не знаю, где-то от трех месяцев до пяти. Я пьяный был, когда подписывал. Нам сказали, что на войну отправят 25 октября. А до этого мы тут остаемся.

В Луге у мобилизованных, продолжал Дима, проходят занятия по боевой и политической подготовке.

— Рассказывают всякую хрень. Про хохлов рассказывают, — объяснил он. — В лесу импровизированные бои идут у нас. Разбираем автоматы, собираем.

Я услышала всхлип за спиной. Люба стояла и тихо плакала. Я отдала трубку с Димой его дочке, а мы с Любой вышли на улицу. Она молча курила, из глаз текли слезы.

— Я не хотела его отпускать, — сказала она после паузы.

— Хотели мы его как-нибудь откосить, — вышла на крыльцо мама. — У него давление, он на учете кое-где стоит. Но он сказал, что всё равно пойдет.

На то, чтобы собрать Диму на войну, Люба пока потратила 25 тысяч рублей. Это ее месячная зарплата, по здешним меркам неплохая.

— А вот у меня еще список, Дима надиктовал, а дочка записала, — протянула она мне тетрадный листок. — И тут тоже не всё. Надо на 50 тысяч докупить. Сюда еще надо записать бронежилет и шлем, где их брать — не знаю.

— Я от пенсии немного дала, у меня пенсия 16 тысяч, — вздохнула Вероника Казимировна. — У бабушки, моей мамы, пенсия побольше, она тоже помогла. Дальше в долги будем влезать. А что делать еще? Кто подскажет?

Люба писала губернатору Карелии Артуру Парфенчикову, спрашивала, не поможет ли он мобилизованным. В интернете пишут, что Московская область своим по 200 тысяч даст.

— Вот Парфенчиков пишет мне… Сейчас, — Люба листает записи в телефоне. — Вот он отвечает: «Добрый день! Мы рассмотрим механизмы помощи семьям военнослужащих». Что это значит? Я стала читать, что там в Московской области. Вот пишет их губернатор: «Деньги поступят проактивно после первой зарплаты». Что это такое — проактивно? Я спросила Парфенчикова, будет ли у нас «проактивно». Он ничего и не ответил. Но мне никаких денег не надо, мне бы мужа вернуть. Живым и здоровым.

Шёлтозеро

4 октября губернатор Карелии Артур Парфенчиков объявил, что республика с опережением графика выполнила план по мобилизации. Население Карелии — 600 тысяч человек, примерно половина живет в Петрозаводске. Из деревень на тысячу жителей, говорят, брали по 30 человек. Планировали набрать тысячу человек — и набрали. Последние из этой тысячи 5-го числа уехали на желтом автобусе с надписью «Дети». Тогда же стало известно, что в вепсских поселках Шёлтозеро и Рыбрека не был мобилизован никто. Там не выдали ни одной повестки. А 6-го вернулся домой «с клюквы» сын Галины Геннадьевны (имя изменено по ее просьбе).

— Вы думаете, их почему на автобусах увозили? — хитро щурится Галина Геннадьевна, наливая мне чай из листьев морошки в своей крохотной кухне.

Высоко на стене в телевизоре последние минут десять поет про «дорогу без конца» молодой Альберт Асадуллин. Почему-то без конца поет и поет.

— Да потому, что из поезда сбежать можно, — тут же и отвечает Галина Геннадьевна. — А из автобуса не сбежишь. Их же, кто пришел в военкомат, оттуда уже не выпускали. Четыре часа давали, чтобы родственники бегали и всё купили, что смогут. И вот их туда везут теперь на верную смерть, сами же знаете.

В мае из Шёлтозера уехал воевать в Украине Женя Чубарин. Он вырос в семье, где кроме него было восемь детей. И у него еще были жена и двухлетний ребенок. Хотел заработать денег, но всё как-то не получалось. Не заработаешь сбором грибов и ягод на столько ртов, особенно весной.

— В последний день, когда Женька живой был, они с моим сыном разговаривали, — вспоминает Галина Геннадьевна. — Сын громкую связь включил, послушай, говорит. Привезли их на позиции, привели в сарай форму получать. Есть, сказали, рванье, а есть комплекты новые. Новых не дают, велят брать из рванья. Они, говорит Женя, всё продают. Броник ему дали — у этого броника только перед, а зада нету. И вот они с сыном поговорили, а на следующий день Женьку убили.

Женя Чубарин успел повоевать два дня, 11 мая уехал — 14-го погиб. К этому времени в разных городах Карелии похоронили 15 человек, убитых в Украине. С тех пор погибли еще 20 в одной только Карелии. И теперь их сверстники ждали повесток.

— Я знаю, что на Украине нас всегда ненавидели, русские там только батрачили, — качает головой Галина Геннадьевна. — Но почему я сына своего должна туда отправлять? За что? Мне сын сказал: лучше я два года отсижу, зато живой останусь. Если к нам, говорит, оттуда придут, буду защищать, а туда мне идти незачем.

И Галина Геннадьевна, которая когда-то то ли работала в администрации Вепсской волости, то ли просто всех там знала, рассказала мне свою версию: что за «клюква», по ее мнению, случилась с мобилизацией в двух вепсских деревнях.

— Вы знаете, как у нас делают? — начала она. — Мужику повестка пришла, а ему говорят: ты вчерашним числом уволен. Потому что никто место держать не хочет.

Говорят, по вепсским деревням разошелся слух о том, какие имена вписаны в 14 повесток. В тот же день 14 молодых людей в Шёлтозере и Рыбреке вспомнили, что их ждет клюква, она вот-вот перезреет. И ушли на болота. Чтобы клюкве было комфортнее собираться, кто-то из местных жителей пустил ребят в охотничий домик. А примерно в тот момент, когда губернатор Парфенчиков объявил об успехах в частичной мобилизации, они вдруг поняли, что клюквы собрали достаточно. Можно возвращаться домой.

5.

5 ноября 2022 года
Двести пятьдесят пятый день войны
Регион: Бурятия

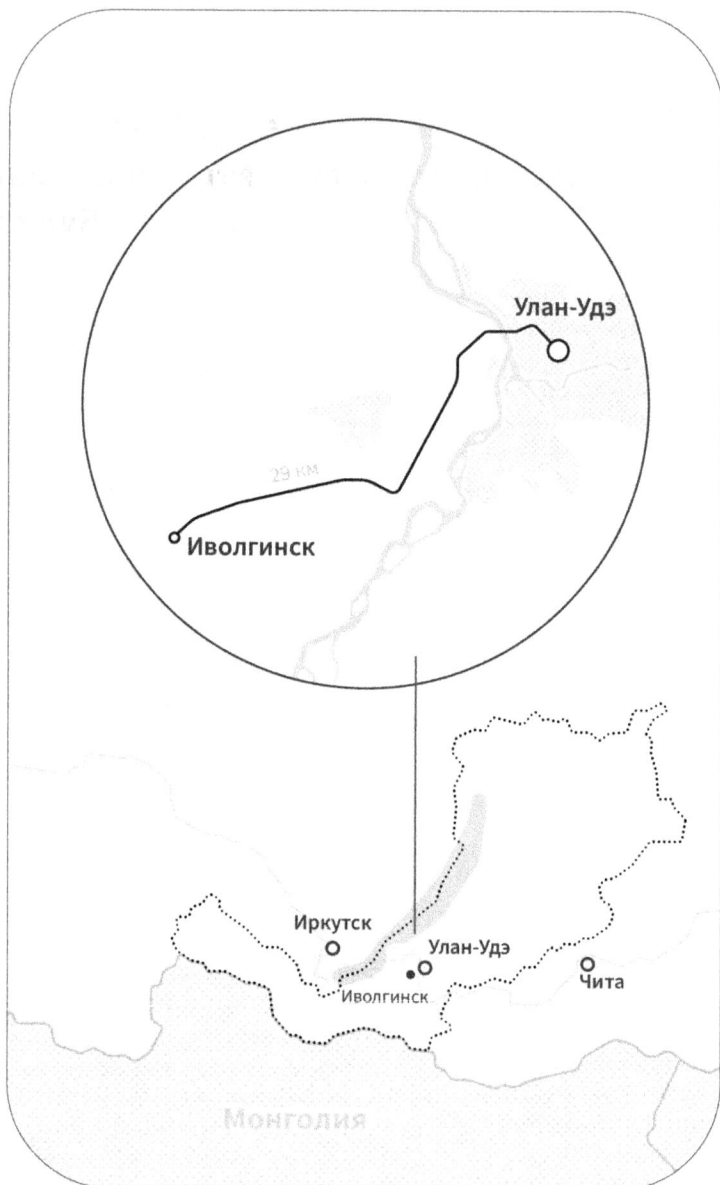

Улан-Удэ

29 км

Иволгинск

Иркутск

Улан-Удэ

Иволгинск

Чита

Монголия

«Будда велел воевать»

Мобилизация прошла по Бурятии, как смерч. Некоторые села обезлюдели. Отчего же народ, потерявший сотни мужчин, одобряет «спецоперацию»?

Анна Зуева

Несмотря на все перипетии с президентским указом (так и не изданным), частичная мобилизация в России формально завершена. Во всяком случае, об этом заявили пресс-секретарь президента России Дмитрий Песков и сенатор Андрей Клишас. Регионы приходят в себя после мобилизационной лихорадки, еще не зная, к чему готовиться дальше.

Одним из первых о выполнении мобилизационного задания отчитался глава Бурятии Алексей Цыденов. Дальше, по его словам, военкоматы будут работать только с добровольцами. Но уже 13 октября республиканский глава признался в соцсетях, что в Бурятии идет «сокращенный донабор по мобилизации».

Из числа мобилизованных жителей республики шестеро уже погибли. Корреспондент «Новой газеты Европа» Анна Зуева проехала по селам и рассказывает, как прошла частичная мобилизация и каковы ее последствия.

В селе Иволгинске, расположенном в получасе езды от республиканской столицы Улан-Удэ, о прошедшей, как смерч, мобилизации напоминает только объявление на двери дома культуры. В нем сообщается, что теперь тут пункт сбора мобилизованных. Повестки в Иволгинске начали вручать в ночь на 22 сентября, спустя несколько часов после выступления президента. А уже утром мобилизованных мужчин провожали родные.

Ксения, жительница села, бежит по центральной улице Ленина, торопится по делам. Однако останавливается, чтобы рассказать корреспондентам о мобилизации.

— Рано утром мужики были обязаны здесь быть, — вспоминает Ксения. — У меня в Иволгинске никого не забрали. Забрали дядю в Тарбагатайском районе. Все жены, матери переживают. Личное мое мнение: я бы не стала прятать, мы же за свою родину идем. Они служили. Кто-то же должен защищать! Но я против того, чтобы гребли тех, кто не служил, совсем молодых или пожилых. Таких в Иволгинске тоже мобилизовали. Моего знакомого — студента очного отделения — забрали и даже увезли в Читу (*Забайкальский край.* — Прим. ред.). Но спустя несколько дней он всё-таки вернулся домой.

Светлана (имя по просьбе героини изменено) — продавец в иволгинском круглосуточном магазине, работает посменно. 22 сентября она была на работе и хорошо помнит тот день.

— Вышла на крыльцо. Автобусы стояли, все плакали, обнимались и прощались. Несколько дней подряд по два-три автобуса увозили наших мужчин. У меня одного соседа, которого задержали полицейские за небольшое правонарушение, прямо из отделения забрали. Ехать он не хотел. А у второго сейчас ребенок на ИВЛ в больнице — и его тоже забрали. Но он вроде сам захотел идти.

О чем молились ламы

Иволгинск — административный центр Иволгинского района Бурятии. Жители села преимущественно работают в столице Бурятии, Улан-Удэ. В самом Иволгинске работы, кроме как в школе, детсаду и МФЦ, толком нет. В восьми километрах западнее Иволгинска расположен центр буддизма России — Иволгинский дацан. Глава традиционной буддийской Сангхи (общины) Дамба Аюшеев одобряет боевые действия. В 2019 году из резервного фонда президента страны Сангхе выделили 33 миллиона рублей на строительство цеха по переработке овечьей шерсти и покупку оборудования.

«Защита Родины — священный долг для буддистов, — говорит Аюшеев в интервью государственной газеты "Буряад унэн". — Если призвали, мужчина должен ехать. Мужское достоинство, особенно в нашей системе, в буддизме, мужчина должен защищать, если надо — воевать, побеждать и возвращаться к своей семье».

Глава Иволгинского района Николай Емонаков лично вручал мобилизованным, сидящим в автобусах, хадаки — ритуальные шарфы синего и белого цветов, символизирующие чистые помыслы и спокойствие. «Всю ночь ламы молились, освящали их, чтобы они защищали и оберегали бойцов», — сообщил телеграм-канал администрации района.

Виктория Маладаева, сооснователь первого антивоенного национального фонда «Свободная Бурятия», рассказывает, что в день, когда Владимир Путин объявил мобилизацию, у главы Бурятии была инаугурация. 12 сентября Алексей Цыденов выиграл выборы во второй раз.

— В тот вечер, когда он говорил пафосные речи про процветающую Бурятию, в села и деревни уже направлялись автобусы, в которые позже посадили мобилизованных. В соцсети фонда писали их родственники. Они сообщали, что мужчин из Тункинского и Закаменского районов забирали без повесток, многим было отказано в медицинском обследовании. Например, в селе Хуртага Закаменского района отца пятерых детей без повестки и медобследования забрал лично глава этого поселения вместе с сотрудниками военкомата. Мне рассказывали местные, что глава Хуртаги, этой крошечной деревни, без повестки забрал единственного ветеринара. Двух этих мужчин сразу увезли в город Борзя Забайкальского края. А в Тункинском районе сестра мобилизованного написала нам, что ее брата взяли без повестки, у него есть грудной ребенок. Мужчина доверился, растерялся, сел в автобус —

сейчас он в Херсоне, просит сестру и фонд помочь ему вернуться в Бурятию. Я считаю, что мобилизация в республике была не частичной. Она была тотальной.

Виктория Маладаева рассказывает, что сотрудники военкоматов отправляли мужчинам голосовые сообщения в мессенджеры: просили явиться в военкомат. Повестки разносили учителя и военкомы. В некоторых повестках попадались даже изысканные формулировки: вместо «приказываю» было написано: «Предлагаю вам прийти в военкомат».

Сотрудники антивоенного фонда перешли на круглосуточный режим работы. Они подключили юристов и стали консультировать земляков, рассказывали им, как отказаться от вручения повестки, разъясняли, кто подлежит мобилизации.

— Я по шестнадцать часов не выпускала телефон из рук, — вспоминает Виктория. — Мне писали земляки о том, где именно предполагается облава. Я делала про это stories, так как у меня большая аудитория в социальных сетях. Я с ужасом вспоминаю те страшные дни. «У меня забрали отца, что мне делать?» «Увезли мужа, помогите!» Виртуальный плач и вой. Мне даже писали с Камчатки, из республик Саха, Калмыкия, Тыва. Это вопиющий факт нарушения прав человека, прав коренных народов. Если взглянуть на список, где быстрее всего была завершена мобилизация, то в нем будут в основном национальные республики России, находящиеся в тяжелом экономическом положении, — Саха, Дагестан, Тыва, Бурятия, Крым. Непропорционально много этнически нерусских мужчин подверглись мобилизации! Если бы в Москве и Санкт-Петербурге забирали людей так же, как в национальных республиках, то случился бы протест. В этих городах живут двадцать миллионов человек, они бы точно не позволили так с собою обращаться.

Придут и за мертвыми

В эти осенние дни в Бурятии пришлось попотеть не только комиссарам, но и сотрудникам загсов. Почти тысячу браков зарегистрировали загсы республики за шесть первых дней мобилизации. Это почти 20% от общего количества семейных союзов, зарегистрированных за 2021 год. Кроме того, меньше чем за неделю 352 отца признали своих детей. Это 15% от общего количества фактов установления отцовства за весь прошлый год. В дни мобилизации некоторые загсы принимали только тех, кто получил повестки.

— Ему предлагали ехать на спецоперацию. У нас пятеро детей, но мы не были на тот момент расписаны. А когда расписались, то от нас отстали, — рассказала мне новобрачная Анна, жительница поселка Усть-Баргузин.

Мужа журналистики Янины Нимаевой, у которого пятеро несовершеннолетних детей, тоже хотели мобилизовать. Супругу Янины 38 лет, он не проходил срочную службу в армии. Вечером 21 сентября ему позвонил коллега — заместитель начальника управления ГО и ЧС администрации Улан-Удэ Дмитрий Фёдоров — и сообщил, что тому скоро принесут повестку.

— Ты где? Тебе сейчас привезут повестку. У тебя там сколько детей?

— Пятеро.

— Ты же шустрый сперматозоид!

— Не понял.

— Короче, тебе надо быть в ДК «Рассвет». Я тебе сейчас фотку скину. Подъедут и вручат.

Янина и Александр не растерялись. Записали все диалоги с начальством на диктофон, а утром Янина выложила видео в своей социальной сети. Она обратилась к главе региона Алексею Цыденову: «Почему так беспринципно проходит мобилизация? Для кого Шойгу на всю страну озвучил порядок мобилизованных действий? И почему здесь на местах это не расслышали? Признайтесь, мы сейчас собираем всех под одну гребенку? Нам не важно, может ли, умеет ли мужчина вести боевые действия? Военный опыт вообще не нужен, и всё равно, сколько детей останется сиротами?»

После огласки этой истории глава республики дал разъяснение. Он сообщил, что те, кто в армии не служил, не подлежат мобилизации.

— Вчера и сегодня выдавались повестки, в том числе и таким призывникам. Но потом, после уточнения данных, их отпускали домой. С утра семьдесят таких человек, получивших повестки, были отпущены домой. И с пунктов сбора, и уже из воинской части. На республиканской призывной комиссии обратили внимание ответственных лиц на более внимательное оформление повесток.

Умершего брата рок-певицы и лидера бурятского регионального отделения партии «Яблоко» Натальи Семеновой тоже пытались мобилизовать. Об этом она написала на своей странице в соцсети, но спустя две недели удалила пост: «Из военкомата пришли за моим умершим два года назад братом. Хочу отметить: брат в армии не служил вообще никогда, ибо по состоянию здоровья не подходил. Они сначала не поверили, что он мертв, но потом извинились. Как теперь верить этим листовкам, что кто-то не подлежит мобилизации и что она "частичная", если за мертвыми приходят?»

Военные комиссары вместе с полицейскими приходили и в Бурятский государственный университет, чтобы забрать студентов с лекции. Или еще был интересный случай: облава в торговом центре «Ольхон». Мужчинам — и посетителям, и продавцам — было приказано оставаться на своих местах до выяснения личности. В фитнес-зале полиция заблокировала выходы по лестницам, чтобы никто не смог сбежать.

Масштабная мобилизация сильно ударила по целым отраслям республиканского хозяйства. Например, мобилизовали некоторых водителей комитета городского хозяйства администрации Улан-Удэ — и 24 сентября в городе была отменена экологическая акция «Время разделять». В селе Бичура, в котором расположена самая длинная деревенская улица в мире, забрали сторожей, кочегаров и учителей — теперь непонятно, кто будет учить детей.

Сказалась мобилизация и на культурной жизни республики. Артист русского драматического театра имени Н. А. Бестужева на условиях анонимности рассказал, что трое актеров театра кукол «Ульгэр» экстренно покинули страну в связи с этими событиями. А артисту труппы бурятского драмтеатра имени Хоца Намсараева пришла повестка.

— Еще один артист театра бурятской драмы, который отслужил давно, просто исчез. Он пока не выходит на связь. Знаю, что директор театра бурдрамы сказал охране, чтобы незнакомцев на порог не пускали, только своих. Мне рассказали, что отмазали от участия в боевых действиях и артистов театра оперы и балета, которые получили повестки. Хотя до этого была встреча директоров культурных учреждений, где им доходчиво объяснили, чтобы они ни за кого из сотрудников не впрягались.

Работник одного из поселковых клубов рассказал совсем уж жуткую историю:

— В нашем коллективе есть молодой парень. Он недавно отслужил. После объявления мобилизации я ему сказал: думай и решай что-то, тебя же могут дернуть. На следующий день он мне позвонил и сообщил, что ему в дверь постучал человек из клуба и сообщил, что пришла повестка и надо собираться. Коллега спрашивал у меня совета. Я сказал, что варианта только два: бежать из России или заболеть. Он пришел ко мне домой. Я обколол ему запястье лидокаином и сломал его молотком. У меня тряслись руки, а ему в момент нашей затеи постоянно звонили с неизвестных номеров. Когда на руке появился отек, мы поехали в травмпункт. Коллеге дали больничный. Мы решили, что позже будем вспоминать эту, в общем-то, грустную историю с улыбкой.

«Уже сшито 200 мешочков»

— Страна-то у нас, оказывается, нищая. Приходится солдат одевать самим. У меня мобилизованные друзья тысяч по пятьдесят потратили. Одни сапоги — двадцать пять тысяч! — причитал в разговоре со мной Андрей, житель Иволгинска.

Из-за резкого спроса на военную экипировку в военторгах республики подскочила цена на тактические перчатки, спецобувь и термобелье. И даже возник дефицит. Чтобы не было такого, глава Бурятии Алексей Цыденов пригрозил мобилизовать продавцов обмундирования и снаряжения, которые повышают цены в магазинах. «Ребята рассказали, что резко выросли в цене спецодежда, обмундирование, снаряжение в магазинах. Обращаюсь к продавцам: если кто-то решил наживиться в это время, заработать сверхприбыли, лучше верните цены назад, а то вам придется самим готовится к мобилизации, дойдем до каждого», — написал Цыденов в соцсети.

Не надеясь особо на государство, с 22 сентября жители Бурятии начали собирать теплую одежду, медикаменты, продукты для мобилизованных. Объявления о сборе гуманитарной помощи появились в аккаунтах общественных организаций и частных волонтерских инициатив. Например, активисты из «Доброгород03» просили жителей покупать и приносить резиновые сапоги, носки и медикаменты: «Из-за вечной сырости наши парни скотчем обматывают обувь, чтобы сохранить сухость ног. Нужны резиновые сапоги и носки. Так как холодает, нужна теплая нателка. Из-за сырости многие болеют, нужны лекарства, обезболивающие мази, средства гигиены, сигареты».

Телеграмм-канала «Кяхта» благодарил земляка по имени Алексей, который отправил пятнадцать тысяч рублей на покупку ткани и отдал в дар швейную машину. Женщины в городе шьют вещмешки и носилки для мобилизованных. А в селе Тагархай Тункинского района республики начали шить обереги. В маленькие мешочки насыпают землю с сакральной для бурят песчаной горы Бурхан Баабай. «Уже сшито двести мешочков, их можно взять всем желающим. С частичкой родного дома в кармане и глубокой верой в сердце гораздо легче пережить это тяжкое время и скорее вернуться домой», — уточнили в администрации района.

В день, когда объявили мобилизацию, несколько десятков человек вышли на Театральную площадь Улан-Удэ. Люди держали в руках антивоенные плакаты и требовали отменить мобилизацию. Акция продолжалась менее часа. Минимум четыре участника митинга были задержаны. А 24 сентября на Театральной площади Улан-Удэ задержали уже восемнадцать человек.

— Полицейские к нам подошли и сообщили, дескать, мы не против вашего схода, вы имеете право собираться, — рассказывает Наталья Филонова, активистка. — Однако полицейских согнали на площадь уйму, они стояли по всему периметру. Видимо, ждали какой-то команды.

Правозащитница Надежда Низовкина, которая вела с площади стрим-трансляцию, рассказывает, как была задержана:

— Полицейские хотели установить нашу личность, но вместо этого в отделе мы скандировали «Нет войне!», «Нет диктатуре!» и пели гимн Бурятии «Таежная, озерная, степная, ты добрым светом солнечным полна. Цветущая от края и до края, будь счастлива, родная сторона». Мы объявили сухую голодовку — не принимали пищу и воду.

— Ошарашен всем происходящим — сначала спецоперацией, потом мобилизацией, — поделился со мной еще один участник акции, пенсионер Владимир. — Я против всего этого, этого не должно быть! Всё это надо как-то заканчивать, останавливать. Иначе что будет дальше? Применение оружия массового поражения? Я впервые вышел на протестную акцию. Узнал про нее и решил посмотреть, принять участие. К счастью, мои родственники не получили повестки. Но я всё равно пришел.

— Мой хороший друг, который может быть мобилизован, вскоре после объявленной мобилизации экстренно покинул Россию, — рассказывает Анастасия, которая вышла на митинг. — Он за копейки продал свою квартиру. Сейчас он в Аргентине. Вот до чего доводят людей! Поэтому я вышла на мирную акцию, чтобы высказаться против этого беспредела! Я вообще не понимала, на каком основании нас удерживали. Нам никто не сказал, почему нас доставляют в отдел и что именно мы нарушили. Я использовала отказную тактику — не называла полицейским свои персональные данные. Не хотела облегчать им задачу.

«Я свое отжил, поэтому вперед, за победой!»

В селе Гремячинск, расположенном на берегу Байкала, тоже прошла мобилизация. Про нее мне рассказывает Александр Шелковников, пенсионер, человек в деревне известный, — он создает макеты военной техники на своем приусадебном участке. Так Александр пытается заинтересовать детей историей Великой Отечественной войны. На «Катюше», которую он своими руками сделал к 75-летию победы СССР в ВОВ, теперь нарисована буква Z.

— Сейчас делаю новую технику — мотособаку, — делится Шелковников. — Буду ездить зимой по снегу! А еще карету соберу. Стану летом туристов вдоль берега Байкала возить.

Работы в Гремячинске, где живет одна тысяча человек, почти нет. Пять лет назад Министерство сельского хозяйства России ввело мораторий на добычу омуля — эндемика озера, который кормил жителей прибрежных населенных пунктов. А в 2020-м Восточно-Байкальская межрайонная природоохранная прокуратура добилась прекращения вырубки лесов в Центральной экологической зоне Байкала. С тех пор предприниматели, рубившие лес в ЦЭЗ Байкала, могут валить деревья лишь в 50–80 километрах от берега озера. Для бизнесменов это стало невыгодно, и часть предприятий закрылась.

— Пилорамы были, люди зарабатывали мало-помалу. Сейчас многие мужчины вахтовым методом работают. А женщины — в магазинчиках или в детсаду. Все стараются куда-то устроиться, семьи-то надо содержать. Это я пенсионер, мне проще. Я еще кредит, взятый на покупку машины, умудряюсь платить. Мобилизация как у нас шла? Как и везде: среди ночи подняли и увезли. Они не струсили, не убежали. Я бы тоже пошел с удовольствием. Чего мне себя беречь-то? Мне семьдесят лет, а пацанам, которые погибают, по двадцать. Им надо детей рожать, государство поднимать. А я уже свое отжил, отработал, как говорится, поэтому вперед, за победой! Дай бог, чтобы все мобилизованные вернулись живыми! Жители села собирали им жгуты, бинты, мыло, продукты, теплые вещи и курево. Я в этой акции не принимал участия. У меня пенсия через несколько дней только. Сам сейчас на подсосе.

В 45 минутах езды от Гремячинска расположен поселок городского типа Усть-Баргузин. Запрет на добычу омуля и рубку леса ударил и по нему. Как и методы мобилизации, рассказывает Анна, переехавшая в Усть-Баргузин около года назад.

— Работы тут толком нет. Только в школе, училище, больнице работать можно, кто-то гостиничный бизнес развивает. Муж по контракту устроился в воинскую часть. А вообще, в Усть-Баргузине много кого забрали. Ночью приезжали с повестками, ходили и стучались по домам. На работу к людям приходили, по списку называли фамилии и увозили. Некоторых уже, правда, вернули, у кого много детей…

Максим (имя героя изменено) живет в селе Мостовка Баргузинского района Бурятии. Это село, в котором семнадцать улиц.

— Из Мостовки мобилизовали шестнадцать человек, — делится он. — Я сам служил срочную службу, и если бы пришла повестка, то я бы тоже поехал. Мои друзья уже ездили на спецоперацию. Кто-то вернулся живой, а двоих близких товарищей я похоронил. Одного хоронили в Улан-Удэ, так жена его захотела. А второй в деревне лежит. Поэтому надо их останавливать и страну защищать! Я же не трус.

Рядом с Максимом стоит беременная вторым ребенком супруга.

— Так надо, — соглашается она. — Он патриот своей страны. Но всё равно хорошо, что повестка не пришла.

«Писать в бутылку, а какать в мешочек»

Первая группа мобилизованных из Бурятии уехала в Украину 28 сентября. Об этом сообщил глава Бурятии Алексей Цыденов в своем телеграм-канале. Пять дней будущих военных готовили в 5-й танковой бригаде на станции Дивизионная в Улан-Удэ.

«Они прошли индивидуальную подготовку. Сейчас отправляются на запад, там они еще будут проходить подготовку, боевое слаживание и далее будут направлены на выполнение боевых задач в зону СВО. Навыки и боевой дух на высоком уровне», — написал глава региона.

Он рассказал, что заглянул мобилизованным в глаза и увидел «спокойных, сосредоточенных и уверенных людей». «Пункты сбора по мобилизации в республике закрываются. Военкоматы продолжают работать с добровольцами. Такие люди есть и сейчас продолжают идти», — добавил Цыденов.

Сколько резервистов было призвано, он не пояснил. Официальных цифр республиканский военкомат также не озвучивал. По данным фонда «Свободная Бурятия», было мобилизовано около семи тысяч семисот жителей республики.

— Глава Бурятии — главный враг бурятского народа, — говорит Виктория Маладаева. — Он активно вербует мужчин с 24 февраля. Почему он это делает? Потому что он — что-то вроде мальчика-отличника, которому дали задание, и он его выполняет, чтобы получить пятерку. Цыденов — не самостоятельная политическая фигура. Он вообще не политик, а менеджер. И сделает всё, что скажет ему президент. Специалисты Conflict Intelligence Team сделали исследование и пришли к выводу, что быстрее всего мобилизация завершилась в тех регионах, главы которых наиболее лояльны Владимиру Путину. Сотрудники этой организации также выяснили, что до четырех процентов всех мобилизованных в России — это жители Бурятии.

На сборном пункте по улице Шумяцкого в Улан-Удэ немноголюдно. Изредка из военного комиссариата выходят мужчины. Мне удалось поговорить с Сергеем, получившим повестку трижды. Сергей пришел в военкомат, чтобы разобраться с решением о мобилизации из-за проблем со здоровьем.

— Повестка пришла сначала по месту прописки 20 сентября. Сотрудник военкомата настойчиво просил расписаться в ней мою бывшую супругу, хотя по закону я лично должен был подпись поставить. Она этого не знала и расписалась. Бывшая жена и наш ребенок живут с моими родителями, я живу отдельно. А спустя несколько часов повестку уже на работу принесли. Я в ней расписался. Это произошло утром 21-го числа. Следующая повестка пришла, опять же, по месту прописки. И экс-супруга вновь расписалась. В понедельник, 26 сентября, я поехал в военкомат. Решил не скрываться, потому что это уголовно наказуемо.

— Вы испугались?

— Ну мало ли что может быть! У них же не поймешь, что там в голове! Я проходил срочную службу десять лет назад в Армении. Там есть российская база. Я, наверное, подхожу для воинской службы, но переживаю за свое здоровье. У меня гипертония. Она выявилась после срочной службы в армии. Мало ли, скаканет давление и произойдет кровоизлияние в мозг. Я на таблеточках сижу. Сейчас взял направление и буду у военного врача узнавать, что скажет.

— А если он скажет «годен», то что будете делать?

— Не знаю, придется ехать, наверное.

— А вы готовы?

— Никто не готов! Никто не хочет туда ехать. Только дурак не боится. Все боятся, но ехать приходится, защищать-то надо. Сколько моих друзей и знакомых там было, все говорят, что не хотят, но едут, потому что надо. Кто-то, может, едет заработать. Кто-то едет, потому что долг. Нескольких моих друзей мобилизовали. Их пугали уголовной ответственностью, и они в растерянности расписывались.

— Вы размышляли над тем, что в случае отправки на фронт можете погибнуть или убить человека?

— Я к этому точно не готов, не смогу ни в кого выстрелить. Я спокойный и добрый человек. Если будет объявлено военное положение, то уже надо будет идти семью защищать.

— От кого?

— А вот здесь неизвестно. На нас никто не нападает. Я в политике, честно говоря, не очень хорошо разбираюсь. Не в моей это компетенции. Это их политика, они там сами разобраться не могут, но отправляют они нас. Им же нужно мясо. Я надеюсь, что это всё закончится. Правда, всё время обещают: «Освободим вот эти города, потом эти». В итоге, видимо, хотят Черное море отрезать, а это еще и Одесса. Это, наверное, надолго затянется. Плюс еще НАТО лезет. Этот альянс поставляет оружие и сам там участвует. Можно сказать, что боевые действия ведутся против НАТО. По новостям видел, что они в Польше колоннами стоят.

Александр (имя изменено по просьбе героя) — этнический украинец. Его родители родились и выросли в небольшом городе на западе Украины. Папа военный, мама учительница. Отца в молодости отправили служить в Улан-Удэ, так семья тут и осела. Несмотря на родственников в Украине, Александр готов к тому, что его мобилизуют, и уже купил военную амуницию.

— В советские времена у военных был бесплатный проезд по Советскому Союзу, и почти каждое лето я ездил на родину к своим родственникам. Родственники и друзья родителей уже тогда в шутку называли меня «москалем» и «кацапом». Я на это внимания не обращал. Кстати, дети моего возраста не упускали возможности меня побить. С тех пор я понял, что национализм у украинцев в крови. Об этом мне часто говорила мама. А бабушка рассказывала, что самое страшное в Великую Отечественную было, когда в деревню заходили не немцы, а бандеровцы. Если мне придет повестка, то я не стану скрываться от военкомата. Я приму — и вперед! Уже купил себе форму: берцы, балаклаву, наколенники, тактические перчатки и очки. Потратил двадцать тысяч рублей. Срочную службу я не служил. В юности у меня обнаружили язву. Я, конечно, морально не готов бросить работу, семью и идти на фронт. Но буду защищать интересы страны, в которой живу.

У сборного пункта на Шумяцкого мне встретилась женщина. Она, вытирая слезы, уточнила у меня, здесь ли расположен призывной пункт. Я утвердительно кивнула. Познакомились. Выяснилось: Елена пришла сюда, потому что прочла, что в Госдуму внесен законопроект. Согласно ему, единственному сыну единственного родителя полагается отсрочка от мобилизации.

— У меня единственный сын. Ему 23 года. Я его одна вырастила. Его мобилизовали, и 2 октября он улетел. На следующий день он и другие ребята были в Чечне. Там будет боевое слаживание, а оттуда уже в Украину поедут. И вот я иду в военкомат просить, чтобы ребенка вернули домой.

— Как ваш сын получил повестку?

— Он был дома. Утром пришли, позвонили в дверь. Он совсем недавно, в июне, расторг контракт с Минобороны. Он служил в Биробиджане писарем. Заполнял бумаги и журналы. На Украине он не был. Моя мама была в тяжелом состоянии, ему пришлось разорвать договор и ухаживать за бабушкой.

Она была лежачая. Мама умерла, и мы вообще остались одни (*плачет*). Сын не хотел продолжать карьеру военного. Он же айтишник, закончил техникум. И хотел поступать в университет. Но не успел сдать документы, пока мою маму хоронили. Я всё понимаю, что он должен! Я что, в конце концов, крысу, что ли, родила?! Нет, мы не скрывались. Но можно же дать отсрочку, раз нет полной мобилизации. Когда она будет, то я не буду против. Но сейчас-то могли бы дать отсрочку (*плачет*). Я только что была в военной прокуратуре. Мне посоветовали приехать в военный комиссариат и написать заявление. Я думаю, что шансов мало, но попробовать-то можно!

— Нужно непременно попробовать. А как ваш сын собирался в поездку?

— Потратила я около 40 тысяч. Купили форму теплую, потому что дали летнюю. Купила разгрузку, перчатки, очки, аптечку. Что за мобилизация такая, если всё за свой счет?! Я не понимаю, для чего тогда была такая мобилизация, если родители сами бегают по городу и ищут детям форму?! Цены ужасные. Я не работаю, залезла в кредит.

— Вы созванивались? Какие у мобилизованных условия?

— Да, звонит и пишет. Рассказал, что в течение всего полета их ни разу не кормили. Просили писать в бутылку, а какать в мешочек. Ну это что такое? Настоящее издевательство! С собой у ребят были какие-то продукты, они в течение дня кушали. Он, конечно, боится, это же война, а не учения какие-то. Мне страшно. Он единственный сын. Не женатый, у него ребеночка нет. Я была рада, что сын после срочной службы заключил контракт с Минобороны. Решила, что так быстрее станет мужчиной, да и родине надо послужить. Зарплата была маленькой, около 30 тысяч. Ему этих денег на две недели хватало, а дальше начиналось: «Мама, дай». Контракт он прервал за десять месяцев до его окончания. Если бы не моя больная мать — его бабушка, то сын бы поехал в Украину, потому что его сослуживцев в мае туда отправили. Командира батальона убили. Если бы он в составе своей части поехал в мае, то там он был бы в войсках ПВО, а сейчас его в разведывательную роту записали! Какой он разведчик-то? Их должны как следует учить! А ему сказали: не переживай, пойдешь в середке. Как мяско? Это что такое-то?

Елена показывает в мобильном телефоне своего сына. И утреннюю переписку с ним. Она отправила ему фотографию с дачными заготовками. «Приедешь, будешь отъедаться», — написала она. А он ей в ответ: «Класс!»

Елена уходит в комиссариат. В этот момент у забора комиссариата я ловлю крепкого мужчину в кожаной куртке. От него пахнет алкоголем.

— Я уже мобилизован, — говорит он, не скрывая радости.

— Как вы получили повестку?

— Сам приехал и подписал.

— Вы купили форму или ее выдают?

— В армии всё дают!

— Вы раньше служили?

— Я майор запаса.

— Вы были в Украине прежде?

— В 2015 году я ездил.

— И как вы ощущали себя тогда?

— Да нормально. А что тут такого-то?!

— Ну как… Вы могли погибнуть.

— Может, и погибну. Но я не собираюсь помирать. Мне еще детей надо женить!

— У вас их сколько?

— Два пацана. Маленькие они еще. Ладно, пора мне!

Через двадцать минут возвращается поникшая Елена.

— Всё бесполезно. Это ведь только законопроект. Когда они его там примут, неясно! — рассказывает она мне. — Написала сейчас ребенку: «Всё тщетно, этот законопроект — только предложение, а не закон. Береги себя хотя бы для меня».

Елена закуривает, садится в старенькую «Ладу Гранта» и уезжает домой доделывать овощные заготовки.

А теперь — танцы!

Отправку мобилизованных с железнодорожного вокзала Улан-Удэ застал Дима Билан. 29 сентября певец увидел их на перроне. В столицу Бурятии он приехал, чтобы дать концерт. Артист описал, что вокруг резервистов существовала «какая-то особая энергия и необъяснимый ореол», а их лица были «очень благородными, с пронизывающим и уверенным взглядом». Певец назвал уезжающих военных «родными людьми».

— Нашим большим коллективом мы разгружали аппаратуру, а они загружали рюкзаки и сумки цвета хаки, — поделился певец. — Я стоял и смотрел, пытаясь поймать взгляд, чтобы сказать заветное: «С богом!»

В Улан-Удэ мобилизованных решили поддержать работники культуры. Концерт-марафон под названием «Нэгэдэе/ Мы вместе» состоялся 8 октября. Грандиозный четырехчасовой концерт прошел в физкультурно-спортивном комплексе, билеты стоили 500 рублей.

На сцене выступили артисты бурятского государственного академического театра оперы и балета с рок-мюзиклом «Бальжан Хатан», цирк Бурятии показал пластический спектакль Zam life, национальный театр «Байкал» и театр народной музыки и танца «Забава» продемонстрировали свои программы.

Организаторы продали свыше трех тысяч билетов и собрали около полутора миллионов рублей.

7 октября кто-то поджег баннер с буквой V, который с апреля висел в центре города на памятнике Владимиру Ленину. Поджигателей баннера задержали на следующий день. Ими оказались двое 17-летних подростков. Юноши «раскаялись и признали свою вину», сообщается на официальном сайте МВД Бурятии. Против юношей возбудили уголовное дело по

признакам преступления, предусмотренного ч. 1 ст. 214 Уголовного кодекса, — «вандализм».

17 октября неизвестный поджег военный комиссариат в селе Мухоршибирь. Здание загорелось около четырех утра. Кто-то бросил на крышу коктейль Молотова. Начинающийся пожар увидел сторож. Внутрь огонь не попал, обгорело два квадратных метра фасада. Следователи завели уголовное дело.

30 сентября глава Бурятии заявил, что задание по мобилизации в республике выполнено, и дальше военкоматы будут работать только с добровольцами. Однако через две недели Алексей Цыденов всё же признал, что «сейчас идет сокращенный донабор по мобилизации». До каких пор «донабор» будет продолжаться, он не уточнил.

Тем временем в селе Новоильинск Заиграевского района 17 октября похоронили первого погибшего мобилизованного из Бурятии. Андрею Пичуеву было 39 лет. Он окончил училище по специальности резчик по дереву. После прохождения срочной службы в армии недолго служил по контракту. 22 сентября его призвали по повестке, а 4 октября он погиб. Андрея Пичуева хоронили в открытом гробу. По мнению родных, он погиб от пулевого ранения в голову. Еще у Андрея сгорели руки, поэтому их просто связали за спиной, чтобы не пугать собравшихся.

У старшины Пичуева остались жена и двое сыновей. Его двоюродный брат Иван 26 октября ушел добровольцем на фронт.

6.

7 ноября 2022 года
Двести пятьдесят седьмой день войны
Регион: Волгоград

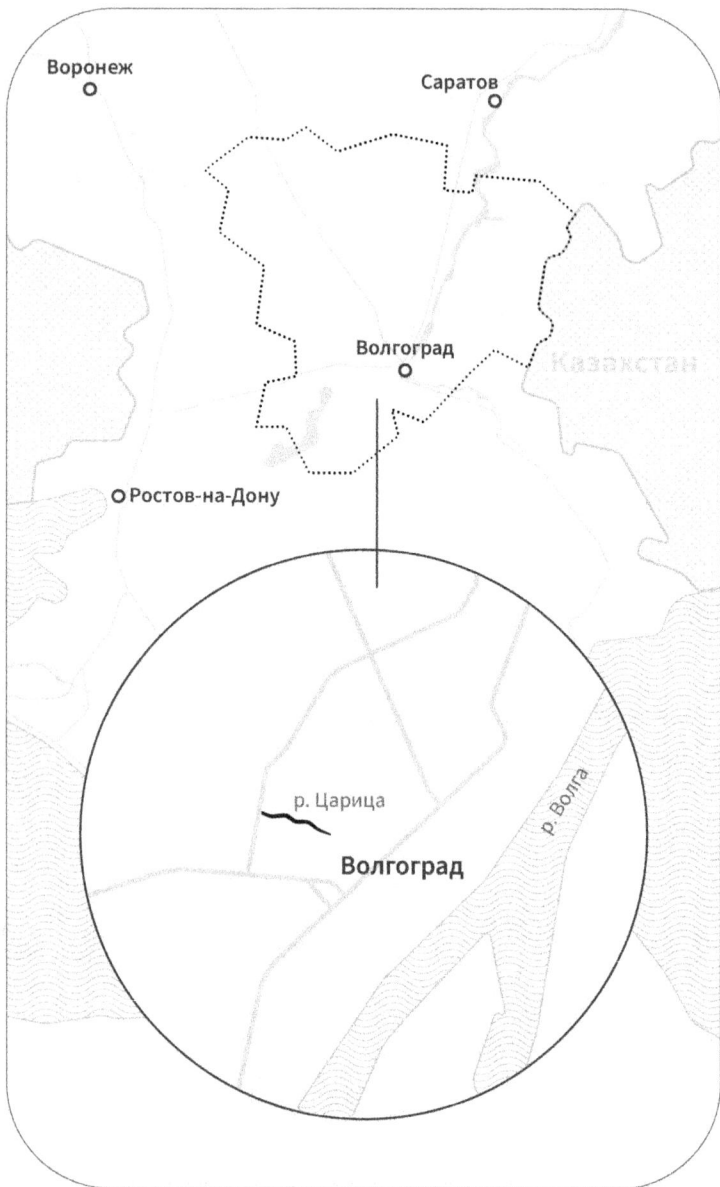

Воронеж

Саратов

Казакстан

Волгоград

Ростов-на-Дону

р. Царица

р. Волга

Волгоград

Коричневая чума

Репортаж из Волгограда, где 200 тысяч жителей неделю утопали в фекалиях из-за прорыва канализации. Что, впрочем, не помешало маршу против Украины и крестному ходу

Ирина Купряхина

В ночь на 27 октября в Волгограде в пойме реки Царицы прорвало канализацию. Улицы и дворы рядом с местом аварии залило фекалиями. Три района города-миллионника, в общей сложности — 200 тысяч человек, неделю задыхались в чудовищной вони и оставались без воды и отопления. А ноябрь на Волге обычно холодный. Еще в одном районе вырубились газ и электричество. Неизвестно, сколько времени фекальные воды, стоки с промышленных предприятий и из нескольких больниц текли в Волгу, а из нее питьевую воду получает и Волгоградская область, и расположенная ниже по течению Астраханская. Последствия этой катастрофы еще предстоит оценить экологам и врачам.

С праздником вас

При посадке в самолет на Волгоград две девушки оживленно обсуждали, как проведут выходные в этом городе. Посмотрев на их обувь, я стала читать, что сообщали о Волгограде в последние дни федеральные телеканалы. На одном город возникал только в новостях местного филиала, на другом упоминался в начале октября в связи с «исторической реконструкцией боев за Сталинград». А там в это время бушевала крупнейшая за последние годы коммунальная катастрофа, рискующая перейти в катастрофу экологическую и медицинскую.

Но туристы, летевшие в Волгоград насладиться достопримечательностями, оказались правы. Волгоградцы еще сидели без воды, света, газа и тепла, а власти уже вели их на «митинг в поддержку спецоперации». Его решили совместить с крестным ходом в День всенародного единства. Место празднования пришлось поменять, потому что прежде хотели привести крестный ход к пойме реки Царицы, в новый сквер — любимое детище областных властей. Но там еще пованивало. Решили праздновать на набережной Волги возле фонтана, отключенного на зиму. Вряд ли те, кто выбирал место, понимали, насколько символично выглядел в эти дни в Волгограде «высохший» фонтан.

Начался праздник богослужением в тоже новом — год, как построили, — старинном Александро-Невском соборе на улице Ленина. С половины восьмого утра его двор охраняли группы сотрудников МЧС и казаки.

— Ты на лампасы смотри, — учил меня казак в черно-красной черкеске, с кинжалом, орденами и медалями. — Мы — кубанские. А те вон — донские.

У ограды возле рамки металлоискателя молодые люди в камуфляже с повязками «Патруль» и с дубинками досматривали сумки православных.

— Нам сказали, что террористы будут, — объяснил мне юный патрульный. — А мы с Росгвардии. Войну-то? Мы поддерживаем, да. Наша часть в Мелитополе стоит. Неее, нас не пошлют, срочников не отправляют. Мы только боимся, что придем домой, а потом отправят. Сейчас нам говорят: подпишете контракт — всё у вас самое лучшее будет. Ага, как же...

Когда служба кончилась, священники с хоругвями двинулись к набережной с сухим фонтаном. Хоругви несли сотрудники МЧС, а с флангов колонну охраняли казаки. По пути к прихожанам подходил священник с серебристой чашей, другой священник подливал в чашу святой воды из бутыли с этикеткой «Волжский дар». Этой водой щедро окропляли людей в колонне.

— У нас вся вода из Волги, — объяснил священник. И тут же успокоил: — Это не опасно, сбросы шли ниже по течению.

— Я думала, вы скажете, что вода не опасна, потому что святая, — сказала я.

— Конечно, святая! — спохватился священник.

На набережной была построена сцена, перед ней встали в линейку священники, отгородив от зрителей выступавшего. А тот рассказывал о Великой смуте, которая кончилась как раз 4 ноября (историки называют другую дату, но какая разница).

— Сегодня Россия противостоит агрессии коллективного Запада, находятся под угрозой наши духовные ценности, — завершал свою речь священник. — С праздником вас, дорогие братья и сестры!

Колокольный звон, звучавший фоном к поздравлению, стих. Повисла пауза, в которую очень просилось объявление дискотеки. И действительно, в динамиках загремела попса, под нее на сцену вприпрыжку выбежала пара конферансье в теплой одежде. Пионерским голосом женщина объявила, что «наша задача — беречь мир». Почему-то никто не привлек ее за дискредитацию нашей армии.

— Я приехала вчера, а дома воды нет, — жаловалась в толпе зрителей девушка в очках, стоя спиной к сцене и не слушая, что там говорят.

— У нас уже почти неделю нет, — пожимала плечами ее подруга. — Мне этот «праздник» сейчас… Заставили идти. В университете.

— А у вас есть дома вода? — спросила я у другой девушки.

— Ой, давайте не будем эту демагогию устраивать, — поморщилась она и отвернулась.

Плотный мужичок бегал взад-вперед вдоль группы хмурых молодых людей с флагами «Единой России».

— Ребята, для отчета, для фотографии, встаньте красиво! — дирижировал он руками. — Красиво!

Молодые люди переминались с ноги на ногу. Красиво не получалось.

У сухого фонтана женщина в белой куртке предлагала флаги России, но за 300, 500 и 800 рублей их никто не брал. Мимо шла колонна в георгиевских лентах и с иконками на груди.

— Мы освобождаем Отечество в границах 1945 года, — объяснял мне дедушка, назвавшийся Евгением. — Территории были незаконно отсоединены. Война на Украине — это потому, что Украина — незаконное государство, это часть России.

— Вообще всё — часть России, — поправила его женщина рядом, Наталья.

— А если они не захотят вернуться, то силой вернуть, как Украину? — уточнила я.

— Да, да, — обрадовалась Наталья. — Потому что в Прибалтике войска НАТО стоят. Это спорная территория, поэтому натовцы должны свои войска убрать.

— А канализацию не надо сначала починить? — спросила я.

— Мы же не хозяйственные вопросы решаем, а политические, — возмутился Евгений. — Мы освобождаем страну. Вот станем богатой страной — тогда можно и канализацию починить.

— Сначала надо победить Киев и освободить наши территории, — отрезала Наталья. — Все остальные вопросы потом.

Воду, отопление, свет и газ в это время еще вернули не всем, ремонт канализации шел неделю.

«Бочаров ручей»

Вечером этого праздничного дня волгоградский активист Сергей Островский, который много лет борется, как он сам говорит, с коммунальным беспределом в городе и за сохранение культурного наследия, привел меня к месту катастрофы. Мы стояли посреди дивного парка с красивой подсветкой.

— Вон там место, где забил фонтан стоков из двух районов — Ворошиловского и Советского, — показывает Сергей вверх, на лестницу в сквере Пахмутовой.

Бетонная лестница вывернута наизнанку и разломана потоком фекалий, хлынувших из-под земли. Трава здесь до сих пор кое-где покрыта лужами коричневой жижи, хлеставшей из пролома. И запах стоит тот еще. Вырвавшись из лопнувшей трубы, фекальные воды помчали вниз сначала по обломкам лестницы, потом по дороге, которая стала для них новым руслом, — и прямиком в Волгу. Позже этот водопад в городе остряки назовут «Бочаров ручей» — по фамилии губернатора области.

Сейчас девятый час вечера. Уже темно, но только в это время к месту прорыва можно подойти близко. От полосатых ленточек, которыми оно было огорожено днём, остались обрывки. Наутро я увижу, что ленточки снова натянули. А пока двое влюбленных, случайно дошедшие по дорожке до этого места и увлеченные друг другом, рискуют переломать ноги или упасть в вонючие лужи. Но я фотографирую, Сергей светит фонариком, поэтому парочка замечает край провала.

— Это пойма реки Царицы, — Сергей обводит рукой окрестности. — Вон там — музей «Россия — моя история».

Там, где мы сейчас стоим, раньше был овраг, по его дну текла речка Царица. Сейчас речка по-прежнему течет, но участок длиной в пару километров у самого устья, там, где Царица впадает в Волгу, в 1970-е годы загнали в бетонный тоннель, и теперь это коллектор городской ливневки. Рядом идут трубы бытового коллектора, принимающего стоки из двух районов города. В норме фекалии попадают по этим трубам на очистные сооружения, а потом — в Волгу.

Долгое время здесь был просто заросший овраг с элементами свалки. Потом бешеными темпами началось благоустройство. В 2017 году на левом склоне и в пойме Царицы разбили парки и построили волгоградскую часть музея «Россия — моя история». Делали всё в рекордные сроки. Три года назад, в 2019-м, благоустроили правый склон, теперь там сквер имени композитора Александры Пахмутовой, уроженки Волгограда. Тоннель с Царицей внутри остался под землей. Бытовой коллектор проходит рядом с ним, обе его нитки лопнули в ночь на 27 октября.

Две стальные трубы по 1200 миллиметров диаметром, как выяснилось, просто сгнили. Общественность забила тревогу вечером 27 числа.

— Около девяти вечера родители моей знакомой шли по парку и почувствовали запах, потом услышали журчание воды, а потом увидели непонятный поток, который несся по парку, — рассказывает Сергей. — Они подошли к склону и увидели, что его размывает, лестница разрушена, на ее месте провал. Начали звонить в экстренные службы.

С экстренными службами, говорит Сергей, в Волгограде есть проблема: туда либо совсем не дозвониться, либо там отвечают, но просят подождать неопределенное время. И когда обвалился склон, по словам Сергея, происходило то же самое.

Всей системой водопроводов и канализаций в Волгограде управляет на основе договора с местными властями частная компания «Концессии водоснабжения». Она собирает плату с граждан и предприятий, она же отвечает за состояние вверенного госимущества. Когда знакомые Сергея всё-таки дозвонились до диспетчерской «Концессий», там предложили подождать.

— Они ждали у провала два часа, — продолжает Сергей. — Потом их дочка позвонила мне. Я позвонил знакомому чиновнику ЖКХ, он попросил прислать видео. Я послал. После одиннадцати начали реагировать в городской администрации. К этому месту выдвинулись два заместителя мэра. Натянули какую-то ленточку и пошли спать.

Поток из фекалий тем временем затопил сквер и потом улицу, идущую вдоль набережной. Машины плавали по самое брюхо. Судя по заявлению Следственного комитета, которое появится через трое суток, случился прорыв за сутки до того, как его заметили, в ночь с 26 на 27 октября. Потом еще целую ночь местные власти позволяли фекалиям стекать в Волгу. Только утром 28 октября к провалу приехали ремонтные службы.

На месте аварии был разбит штаб по ее устранению. Возглавил его губернатор Андрей Бочаров. Он приказал коллектору заработать не позднее 31 октября. Надвигался День народного единства. Видимо, тогда губернатору казалось, что празднование в нужном объеме еще можно спасти. Потом он дал пресс-конференцию и объявил: состояние канализации стало для всех полной неожиданностью. Никому и в голову не приходило, что трубы, проложенные всего-то 50 лет назад, могут нуждаться в ремонте. Такой недолгий срок службы сильно возмутил губернатора Бочарова.

Концессии и водоснабжение

Компания «Концессии водоснабжения» принимала всё это хозяйство в управление в 2015 году. По идее, уже тогда она должна была обследовать доставшееся ей богатство.

— Никакого обследования не было, — говорит бывший начальник цеха магистральных сетей канализации и эксплуатации тоннелей волгоградского «Водоканала» Юрий Чевтаев. — Первое, что они сделали, — это сократили обходчиков, которые должны были в ежедневном режиме контролировать состояние трубопроводов.

Данных о том, проводилось ли на самом деле какое-то обследование сетей при их приеме в эксплуатацию, чего-нибудь вроде контракта между «Концессиями водоснабжения» и исполнителем работ, в базе госзакупок мне найти не удалось. Тем не менее уже тогда специалисты «Концессий» публично оценивали общий износ канализации в Волгограде в 70%. В сутки приходилось устранять по 10–15 мелких аварий.

Компания объявила, что «начинает модернизацию» всех сетей, в ближайшие полгода проложит 25 километров новых труб вместо изношенных, а в целом за три года заменит 180 километров трубопроводов, вложив в это семь миллиардов рублей. Правда, первым ее крупным достижением был не ремонт сетей, а строительство искусственного ледового катка за 46 миллионов рублей. Каток открыли зимой, он проработал три дня и растаял. Обвинили в этом «аномально теплую» погоду.

К трубе в Ворошиловском и Советском районах «Концессии» как-то не подступились. Зато построили новый трубопровод в соседнем Центральном. Он лопнул через три месяца.

В 2017 году в пойме Царицы, повторим, открыли парк и музей «Россия — моя история». В 2019-м решено было благоустроить и правый склон оврага, построив там еще один сквер. Это был еще один момент, когда канализацию полагалось обследовать. Хотя бы потому, что постройка бетонных лестниц, прокладка дорожек, установка светильников, скамеек и прочей красоты может увеличить нагрузку на то, что проходит под ними. Сквер обошелся в 142 миллиона рублей. В перечне проделанных работ обследование подземных коммуникаций не значится. Строители только объявили: всё сделано настолько хорошо, что «вскрывать брусчатку из-за прохудившихся магистралей не придется». Прошло три года — и вода ее вскрыла сама.

Депутат Волгоградского горсовета Илья Кравченко считает, что фекальные стоки текли в Волгу не двое суток до того, как это заметили, а значительно дольше. Впервые он попробовал сообщить об этом властям и коммунальным службам в 2019 году. Если бы тогда на это обратили внимание, сквер, возможно, пришлось бы торжественно открывать чуть позже, зато он прожил бы дольше без потерь.

В 2019 году, рассказывает Илья, диггеры спустились к руслу речки Царицы, к тому участку, который стал коллектором ливневки, и обнаружили, что туда явно попадают откуда-то фекальные стоки. Взяться они могли из соседних труб бытовой канализации. Это было сигналом к тому, что с трубами не всё в порядке. Диггеры рассказали депутату. Тот спустился в коллектор сам, проверил. С того момента, говорит Кравченко, началась его переписка с властями, от природоохранной прокуратуры до администрации губернатора. У него накопился целый архив их ответов. Из них депутат узнал, что коллектор ливневки не стоит ни у кого на балансе, за него вообще никто не отвечает, проверить его информацию некому.

— В прокуратуре мне ответили, что не могут туда спуститься, — усмехается он. — У них что, ножек нет? Почему я мог пройти по этому коллектору с фонарем, а они — нет?

Новый раунд переписки с этими структурами у Ильи Кравченко начался минувшим летом. До прорыва еще оставалось несколько месяцев. На последнее письмо депутат, которому госорганы обязаны отвечать в течение недели, ответа получить не успел. Состояние канализации выяснилось само.

Прогнило всё, не только канализация

Лопнувший коллектор обслуживает дома, где живут, повторим, почти 200 тысяч человек. Сначала ремонтные работы рассчитывали провести без отключения воды. Как — непонятно, потому что если 200 тысяч человек, а еще предприятия, школы, детсады, больницы пользуются водой, то ей надо куда-то стекать. И воду всё-таки отключили. Но начать ремонт сразу, к удивлению коммунальщиков, не получалось.

— Людям надо как-то жить, — объясняет Сергей Островский. — В кранах-то воду отключили, но ее приходилось подвозить машинами. Люди пользовались водой — она текла всё в ту же канализацию.

Ситуацию спасло то, что с подвозом воды в Волгограде тоже оказалось всё не слава богу. Иван, живущий в Советском районе, рассказал мне, что его супруге пришлось переехать на время к родителям, потому что сначала воды не привозили совсем, а потом к машинам с ней выстраивались бешеные очереди.

— Я работаю сменами, а жена беременная, она не может стоять в очереди на улице и тащить потом канистру, — говорит Иван.

Примерно так же поступили супруги Анна и Николай, которые живут на улице Тулака. К моменту нашей встречи воды и отопления у них еще не было. Мыться они ездили к друзьям на окраину Волгограда, а питьевую воду набирали в роднике. Слава богу, добавляла Анна, что машина есть. Люба, которая зарабатывает тем, что выращивает на продажу цветы, сняла номер в гостинице и оттуда возила домой воду, чтобы полить свои растения.

Но у большинства волгоградцев не было возможности съехать с квартиры. Сначала в магазинах смели питьевую воду. По словам Любы, пятилитровые баклажки подорожали втрое, но их всё равно было не найти рядом с домом. В теории люди знали, что питьевую воду по городу вроде бы возили какие-то оранжевые цистерны. Но мне не удалось найти человека, который бы хоть однажды такой цистерной воспользовался.

— Пункты раздачи питьевой воды так и остались неизвестны, — говорит депутат Кравченко. — Одно наше местное издание добыло какой-то список, но там были адреса только на один день, а в качестве контактов — телефоны водителей. Никакой полезной информации это не несло, потому что водители менялись. Люди звонили им, чтобы выяснить, где машина, а этот водитель уже совсем на другом транспорте.

Техническую воду волгоградцам обещали подвозить пожарными машинами. Их срочно насобирали по всем соседним районам и селам, сколько нашли. Но расписаний движения машин не было. Точнее, их было два: от «Концессий водоснабжения» и от городской администрации. Оба не соответствовали реальному графику.

— К счастью, в эти дни в Волгограде шел дождь, — рассказывает Сергей Островский. — И кто успевал — подставлял ведро под водосточную трубу. Кто-то собирал капли с шиферных крыш гаражей. Кто-то набирал из луж хотя бы для унитаза.

Всё это волгоградцы снимали на видео и выкладывали в соцсетях. К большому ужасу местных властей. Сработали еще навыки, приобретенные людьми во время пандемии: они сплотились, быстро организовали группы, стали списываться в чатах и помогать друг другу. Кто-то всё-таки выцарапал у городских властей реальное расписание, оно появилось в дворовых чатах.

— И всё равно водовозки работали не по графику, — замечает Сергей Островский. — Где-то машины попадали в расписание, где-то — нет. Но люди очень сплотились в беде, и это был очень положительный момент.

Дальше выяснилось, что водой, которую развозят от имени властей, не всегда можно пользоваться даже в туалете. В некоторых случаях лучше было из лужи набрать.

— Например, такую привозили, — показывает Сергей у себя в телефоне фото с грязно-коричневой жижей, словно набранной в той самой рванувшей канализации. — На вопрос, почему такая вода, людям отвечали: бочки такие. Такие бочки у пожарных машин, ничего не поделаешь.

Мало-мальски наладили поступление технической воды — усложнились ремонтные работы. На третий день в районах, пострадавших от аварии, объявили режим чрезвычайной ситуации. Но как-то героическими усилиями ремонтники справились. Губернатор пообещал, что вода в квартиры пойдет «тонкой струйкой». И тут выяснилось, что беда еще и с отоплением.

— Прогнило же всё, не только канализация, — машет рукой Сергей Островский. — Теплоснабжение города находится в аварийном состоянии. Специалисты квалифицируют его как аварийно-неуправляемое.

Задвижки, которые должны были удерживать теплоноситель (подготовленную воду) внутри системы отопления, пришли в негодность и не справлялись.

— Всё время и до аварии вода из батарей протекала в систему канализации, — продолжает Сергей. — Потому что запорная арматура в тепловых камерах тоже была настолько старая и гнилая, что вода постоянно текла. То-то мы видели зимой, как из-под земли постоянно парило. Раньше я просто видел этот пар, а теперь понимаю, что это было.

То есть для ремонта нужно было отключить и батареи. Температура воздуха в Волгограде как раз опустилась до нуля ночью. К двум районам, оставшимся без воды и с холодными батареями, подключился третий. Точнее, отключился.

— У нас в Краснооктябрьском районе что-то случилось с электричеством — короче, оно вырубилось, — рассказывает житель Волгограда Дмитрий. — Ну а из-за этого встала котельная, поэтому мы тоже сидели без тепла. То ли по этой же причине, из-за отключения электричества, то ли из-за того, что народ начал обогреваться духовками, нам вырубили еще и газ.

Героическими усилиями сотрудников коммунальных служб на шестой день после аварии, ко 2 ноября, лопнувшая труба была починена. Одна из двух, но это уже было достижением. На место починки снова прибыл губернатор Бочаров, чтобы торжественно объявить о пуске системы. Он как раз говорил, что к празднику 4 ноября починено будет вообще всё, когда в трех метрах от него забил новый фонтан. Трубу прорвало в новом месте.

— Я в этот момент даже посочувствовал губернатору, — говорит Сергей Островский. — Но сами представьте: эти две трубы, диаметром 1200 каждая, — не основная и резервная, это, по сути, один коллектор, просто состоящий из двух ниток.

Просто большего диаметра труб у нас не существует. А канализация — это как Ниагарский водопад, который засунули в трубу. И тут получилось, что в одну трубу пошел напор, который рассчитан был на две. И лопнуло, судя по видео, гнилое продолжение этой же трубы. По одной из версий, она не выдержала давления. Но есть другая версия — о том, что трубу задел ковшом экскаватор. Но как-то они и это починили, хотя как — не понимаю.

Постепенно в квартиры начали давать воду, как и обещал губернатор, «тонкими струйками». Но пока только техническую. О том, что она будет техническая, упомянули как-то вскользь. Пятеро суток Роспотребнадзор просто помалкивал, а потом разослал по районам письмо: он «предлагает… организовать информирование жителей» о том, что водопроводную воду, когда она поступит в квартиры, хорошо бы кипятить. Эту модальность управляющие компании аккуратно перенесли в объявления, расклеенные на подъездах: Роспотребнадзор, писали они, «предлагает использовать подаваемую воду после кипячения». Не настаивает, даже не рекомендует, а именно предлагает.

— Причем касалось письмо Роспотребнадзора только двух районов — Ворошиловского и Советского, которых авария коснулась непосредственно, — подчеркивает Сергей. — А водозабор из Волги, куда лились фекалии, идет еще в Кировском районе города, в Краснооктябрьском и в нескольких районах области, расположенных ниже по течению. Все они получают эту воду. А в Волгу все эти дни попадали не только фекалии, но и стоки из нескольких больниц, автомоек, химчисток и массы других предприятий.

Бомба под «Россией»

Тем временем своей жизнью продолжает жить коллектор ливневой канализации — река Царица, закованная в бетонный коридор диаметром 2,5 метра. Именно благодаря ему, повторю, еще в 2019 году депутат Илья Кравченко заподозрил неладное по части фекалий.

— Никто ведь так и не выяснил, почему в ливневку стекали фекалии, — замечает Илья. — Мне кажется, нужно посмотреть, стекают ли они сейчас. Если уже нет, то получатся, что все эти три года давали о себе знать трубы, которые теперь прорвало: их содержимое и просачивалось в ливневку. А если там течет по-прежнему, это означает, что где-то есть еще дыра в том же трубопроводе.

Если по карте смотреть на участок бытового коллектора, из которого что-то может просачиваться в ливневку, то над ним будет уже не сквер с лестницей и дорожками, а музей «Россия — моя история».

— Получится, что фекальная бомба заложена под «Россией», — добавляет Илья.

Чтобы выяснить, как поживает теперь ливневка, мы с ним спускаемся в коллектор. В тот самый, который прокуратура называла в ответах депутату недоступным. Он, действительно, не то чтобы доступен легко. Приятной прогулкой спуск в него не назовешь.

У Ильи за спиной огромный рюкзак. Он придирчиво смотрит на мое оснащение. Куртку находит пригодной. Ботинки вызывают у него смех. Он достает из рюкзака болотные сапоги высотой примерно с мой рост. Так мы заходим в коллектор.

Река, скованная бетоном, довольно мелкая, самые глубокие места — чуть выше моего колена. Течение очень сильное, но это я пойму на обратном пути, когда мы будем идти против него. Из-за этого сапоги уже не спасают, вы всё равно выходите по уши в содержимом коллектора. Дно забито мусором, очень легко споткнуться и грохнуться в воду.

В бетонные стены коллектора врезаны металлические трубы, по ним сюда и стекает вода с городских улиц. Она почти прозрачная, если посветить фонариком, то можно рассмотреть дно. Дальше поток уходит в Волгу. Метров через пятьсот меняется запах: вот оно. Это и есть признак того, что фекальные воды сюда попадают.

— Нет, сейчас уже почти нормально, — качает головой Илья. — Раньше запах стоял такой, что люди тут почти сознание теряли.

Это мы дошли до источника запаха: по одной из труб в коллектор вливается уже не дождевая вода с улиц, а коричневая и вонючая. Дальше идти скользко. Правда, замечает Илья, выглядит это уже лучше, прозрачнее, чем в прошлую его ревизию — до аварии. Теоретически это может означать, что отремонтирована именно та труба, которая всё это время сливала дерьмо в Волгу, и со временем, если больше ничего не рванет, остаточные цвет и запах исчезнут. Но я, даже после такой прогулки, не эксперт по фекалиям. И депутат Кравченко тоже. Так что с фекальной бомбой под «Россией» еще не всё понятно.

P.S.

Пока писался этот текст, на юге Волгограда случился еще один канализационный прорыв.

7.

8 декабря 2022 года
Двести восемьдесят восьмой день войны
Регион: Свердловская область

Невьянск

80 км

Екатеринбург

Невьянск

Екатеринбург

Тюмень

Челябинск

Казахстан

«Важно быть мужиком.
Но очень быстро можно стать
мертвым мужиком»

В уральский город Невьянск из Украины возвращаются первые мобилизованные. Пока только погибшие и раненые

Сергей Потаповский

На морозном ветру развеваются флаги «Своих не бросаем», «После нас тишина», «Граница на замке». С Иваном (имя изменено), 40-летним местным жителем, мы ходим между свежих могил по заснеженному кладбищу города Невьянск. Здесь много бумажных цветов, пластиковые венки еще не выцвели. Почти одинаковые кресты на пяти могилах у центрального входа. За ними оставлена земля на перспективу, «обычных» людей хоронят дальше.

Добродушный мужчина за сорок

Невьянск — город в Свердловской области с населением в 22 тысячи человек. Здесь находится одна из главных уральских достопримечательностей — Невьянская наклонная башня, построенная во времена фабрикантов Демидовых. По легенде, в подвале башни чеканили фальшивые монеты, а когда приехала проверка, подвал затопили вместе с работниками, чтобы скрыть преступление. Посмотреть на эту башню часто приезжают туристы. Город живет не слишком благополучно, но работу при желании найти можно. Здесь расположена исправительная колония и несколько крупных производств: «Невьянский машиностроительный завод», завод ЖБИ, «Электрозавод» и другие. Растет и развивается в последнее время и местное кладбище, тоже своего рода предприятие.

— Владимир Баландин, — Иван читает надпись на табличке и вглядывается в лицо на фотографии одного из погибших, — не знал его лично, но видел публикацию о его гибели. У него четверо детей.

Иван вспоминает и другого погибшего — Игоря Мохова, похороненного в деревне Сербишино Невьянского района. Игорь был очень талантливым, озвучивал детские сказки. Его творчество в городе многие знали и любили.

По словам Ивана, если представить город Невьянск человеком, то это обязательно будет мужчина за 40, добродушный и отзывчивый, с открытым лицом, как многие на этих крестах.

— Я родился в Невьянске, — говорит Иван. — Город свой люблю, он перспективный, расположен близко к Екатеринбургу и Нижнему Тагилу, двум самым крупным городам Свердловской области. Здесь есть что развивать, и, если бы осваивали бюджет реально на городские нужды, а не клали в карман чиновников, он был бы прекрасен. Мои друзья покинули город, я, скорее всего, тоже уеду. Молодежи в городе немного: здесь нет высших учебных заведений. Школьники уезжают в большие города за профессией, а возвращаются редко. Помню, сам, когда учился: стоишь на перроне, ждешь электричку Екатеринбург–Нижний Тагил, одна молодежь вокруг. В выходные город словно раздувается, оживает, в будни — худеет и становится молчаливым.

Мой собеседник уверен, что вначале горожане восприняли войну патриотично, некоторые поторопились уйти добровольцами в армию. Он считает, что сегодня такого патриотического подъема уже не наблюдается. Среди друзей Ивана один ушел добровольцем в Украину и до сих пор находится там. Несколько были мобилизованы.

— Я не служил в армии по здоровью, — продолжает Иван. — Но у меня такая категория, что вторая волна [мобилизации] может и задеть. Если меня призовут, отмазываться не стану. Друзья тоже говорят: «Я не останусь в стороне, если мобилизуют», — такая дружеская поддержка тех, кто уже ушел. Но мне вся эта заварушка не нравится, я не за украинцев и не за… Мне не нравится, что в феврале начались боевые действия. Я, честно говоря, хоть и отслеживал информационную повестку, но так и не понял, почему. Накануне 24 февраля я ехал в поезде и увидел, как по железной дороге следовали один за другим грузовые поезда, на платформах — танки. Думал: ну куда такое количество? Масштабные учения? Это напрягало и вызывало неприятный холодок внутри. Но тогда я даже не понял, что происходит.

Иван пересказывает конспирологическую теорию: якобы всё это началось «из-за подземных ресурсов, которые не так давно были обнаружены в Украине». Мой собеседник уверен, что действия России в соседней стране неприемлемы.

— У меня есть друзья в Украине, я переживаю за них, — говорит он. — Вспоминаю чемпионат мира по футболу, как мы сидели у телевизора и вместе болели за сборную Украины. В соцсетях я вижу чрезмерное русофобское отношение со стороны украинцев, но ведь нельзя нас всех под одну гребенку.

Его друг уехал на войну, когда в рамках мобилизации начали забирать девушек-медсестер.

— Он не смог остаться в стороне: «Я — парень, и буду дома отсиживаться, когда девчонок на фронт увозят?» — вспоминает Иван. — Он уехал в Украину медиком добровольно. Я понимаю, что мои друзья могут не вернуться живыми, ведь сегодня никаких тебе штыковых атак. Можно умереть, так ни разу врага в лицо и не увидев. С одной стороны, важно быть мужиком. Но там, получается, можно очень быстро стать мертвым мужиком.

Ивана волнует и денежный вопрос.

— Вот 195 тысяч — выплата мобилизованным. Хотя, на мой взгляд, смешное число: уже бы округлили до 200 тысяч, всё равно непонятна логика формирования этих сумм, — рассуждает он. — Почему бы не платить людям сегодня нормальные зарплаты, раз в бюджете такие деньги есть? Хотя с этой выплатой в целом история мутная. Мой друг вернулся из Украины и до сих пор ничего не получил.

Несмотря на все сомнения, Иван уверен: если государство объявит военное положение и всеобщую мобилизацию, люди пойдут в военкоматы добровольно.

Ревизия настроений

— Ощущение было одно — холодок по коже, — вспоминает 24 февраля Евгений Коновалов, главный редактор невьянского издания «Местные ведомости». — А мыслей появлялось много: негодование, нежелание верить в произошедшее и огромный стыд. Причем стыдно было не за других, а именно за себя самого. За то, что за 20 с лишним лет не написал такой текст, который бы напрочь отбил в людях желание воевать. Я до сих пор не понимаю, как это было возможно. Ведь у многих там родня, близкие по крови люди. Знаю, что у меня в Украине тоже есть дальние родственники, с которыми мы больше 20 лет назад, после смерти моей бабушки, утратили связь. Они там есть, я помню, как они к нам приезжали. Помню, как присылали тетради в начале 90-х, когда у нас был тотальный дефицит, и мы всем классом смеялись над забавными надписями на «мове».

В апреле на главного редактора «Местных ведомостей» полицейские составили три административных протокола по статье 20.3 КоАП («Публичные действия, направленные на дискредитацию использования ВС РФ») за два текста, размещенных в одной соцсети. Один был за заголовок «Не хочу, чтобы наши дети были пушечным мясом», — это еще в феврале. Коновалов процитировал одного из родственников солдат, отправленных в Украину. Два других протокола были за мартовский текст, написанный по поводу официального заявления МО о биологическом оружии в виде перелетных птиц.

— В полиции на меня сначала составили один протокол, — вспоминает Коновалов. — Предъявили лингвистическую экспертизу текстов, сделанную сотрудницей ФСБ с филологическим образованием, а все возражения предложили высказать в суде. Дескать, наше участковое дело маленькое, новости не смотрим, политикой не интересуемся, в дискуссии не вступаем. На следующий день девушка-участковый перезвонила и попросила снова подъехать. Якобы одного протокола «лингвистам» показалось недостаточно.

Коновалов говорит, что оба судивших его судьи городского суда «следят за актуальной повесткой, не прочь поспорить и даже посочувствовать». Это не помешало судьям отклонить ходатайство о проведении независимой экспертизы. По каждому из протоколов Коновалов получил штраф в 30 тысяч рублей. Сейчас он пытается оспорить их в областном суде.

По словам Евгения, после 24 февраля в городе не было акций протеста; никаких других публичных проявлений несогласия, за исключением отдельных постов в соцсетях, тоже не состоялось.

— Мне в первое время показалось очень важным провести «ревизию» настроений в своем ближайшем кругу, убедиться, что все, с кем ты шел по жизни и на кого рассчитывал, тоже против начавшегося безумия, — продолжает Коновалов. — К сожалению, это оказалось не так. Удивили в том числе некоторые друзья, которые начали вещать в духе «можем повторить!» Многие были в шоке, но ждали достойного оправдания от государства: дескать, нам, наверное, что-то недоговаривают, ведь должна же быть какая-то настоящая причина. Забегая вперед, скажу, что часть этих людей всё еще ждет, то есть за девять месяцев они так и не услышали то, что бы их убедило... Но подавляющее большинство близких, в том числе самые дорогие мне люди, независимо от возраста, с первых дней против.

В первые дни войны в Невьянске прошел агитпробег в поддержку «СВО». На него горожан зазывало объявление, расклеенное на улицах, с текстом песни «Священная война». Главным активистом стал директор детского спортивного клуба.

— Выяснилось, что его ненависть, названная священной, держится на двух «китах»: на воспоминаниях об армейской службе, когда были сложные отношения с «дедами-хохлами», и на том, что сейчас на передовой оказались его воспитанники, проходящие военную службу по контракту, — вспоминает Евгений свой разговор с директором детского клуба. — Потом и другие участники агитпробега признавались, что поддерживают не конкретно СВО, а парней, которые оказались в нее втянуты. С тех пор ничего подобного не было, если не считать масштабных сборов гуманитарной помощи мобилизованным, которые, опять же, проходят ради самих ребят, чтобы у них было больше шансов вернуться живыми.

По наблюдению Евгения, настроение в городе с февраля изменилось. Еще до объявления частичной мобилизации число символов «спецоперации» на тех же автомобилях заметно поубавилось. Он приводит в пример своего соседа, который в конце февраля «размалевал всю машину» и записал несколько роликов в поддержку «СВО», а в конце сентября уже убрал все наклейки и даже удалил ролики из своего ютуба.

— Что изменилось в масштабах всего города? — продолжает мой собеседник. — Из разговоров с местными чиновниками знаю, что все большие проекты, начатые еще до 24 февраля, например, благоустройство набережной или реконструкция бассейна, сохраняются, но за эти месяцы, особенно в начале весны, они заметно подорожали. Повышение стоимости материалов привлекло допфинансирование, в том числе из областного бюджета. Вижу, как радуются наши руководители, что в рамках этих проектов успели закупить качественное европейское оборудование… Не раз писал о том, как переживают и выкручиваются директора промышленных предприятий, оснащенных импортными станками или ориентированных на зарубежные рынки сбыта.

Газета «Местные ведомости», которую возглавляет Коновалов, учреждена в 1999 году как частная, без участия государственных и муниципальных органов власти. Редакция живет исключительно на собственные доходы и регулярно участвует в муниципальных торгах на размещение информации. По словам главреда, «от максимально объективного подхода к написанию других публикаций, в том числе проблемных, редакция не отказывается». Пишет газета и про погибших в Украине, аккуратно выбирая лексику.

Городские потери

О количестве мобилизованных из Невьянского района никто не говорил публично. Ни о плановом наборе, ни о фактическом. Евгений рассказывает, что 29 сентября, в день самой массовой отправки из Невьянска, от городского Дворца культуры уехали пять автобусов, четыре из которых были очень вместительными. Но вместе с невьянцами тогда были мобилизованы жители двух соседних районов — Кировградского и Верхнего Тагила. Примерно треть от этого количества добавилась в конце октября, в ходе продолжения мобилизации, хотя ожидалось гораздо больше: после первой волны и первых похоронок люди сделали выводы…

Условный портрет мобилизованного, кто он и чем жил, сегодня складывается из информации о первых погибших. В городе их имена на слуху. Обычно это зрелый мужчина, под 40 или за 40 лет, у которого дома осталась семья и несколько детей и которого ценили на работе.

— Сейчас, когда разговариваешь с их родными, понимаешь: мало кто из них думал, что всё обернется настолько трагично, что они окажутся на передовой уже через несколько (!!!) дней после отправки из дома, — продолжает Евгений. — Жены говорят, мол, мужики ехали гайки крутить в тылу (тем более многие из них, действительно, виртуозы в этом деле), общественный порядок охранять — «выполнять свой долг вдали от линии фронта».

Среди мобилизованных в Невьянском городском округе отправили на службу даже многодетных отцов. За возвращение своего мужа, 39-летнего Василия Утемова, сейчас ведет неравный бой в чиновничьих кабинетах жительница поселка Цементный Ольга Утемова. У супругов четверо детей: 18, 17, 15 и 9 лет.

— Это очень странная ситуация: по закону мы считаемся многодетными, пока в семье есть трое детей младше 18 лет, — говорит Ольга Утемова. — Если после окончания школы дети получают образование в учебном заведении очно, то мы считаемся многодетными, пока ребенку не исполнится 23 года. Но в прокуратуре мне ответили, что в условиях мобилизации семья перестает быть многодетной, как только старшему из трех младших исполняется 16.

По словам Ольги, Василия мобилизовали 29 сентября, бегать он не стал, потому что «добросовестный» и был уверен, что его отправят «тыл прикрывать или баранку крутить». Менее чем через две недели, 10 октября, он был в Украине. Но в документах, полученных из Управления Центрального военного округа, написано, что ее муж — в боевом подразделении с 14 октября. При этом он, никогда не служивший в армии и не заканчивавший военную кафедру, числится заместителем командира взвода в звании сержанта, хотя призывался обычным водителем.

— Недавно впервые пришла зарплата мужа, более 200 тысяч рублей, — говорит Ольга, — но я всё равно продолжаю писать жалобы и требую вернуть Василия как многодетного отца домой. Сама я работать не могу из-за проблем со здоровьем, а одной с детьми мне тяжело. Зачем нам эти «военные» деньги, если муж и здесь хорошо зарабатывает, не рискуя жизнью?

О своем отношении к войне Ольга предпочитает не говорить, как и многие другие родственницы мобилизованных.

— Первый наш контрактник (родом из соседнего Кировграда) погиб в первые дни [войны], — рассказывает Евгений Коновалов. — Потом, в конце августа, друг за другом ушли два невьянских парня. Один служил на Сахалине, другой — в соседнем Новоуральске. Тогда для города это было настоящей трагедией — сразу два груза-200, никто ведь не догадывался, что будет через полтора месяца. Из добровольцев погиб один — молодой парень из села. Сколько их всего воюет, сложно сказать. Бывает, разговариваешь с кем-то из знакомых, вспоминаешь кого-то, мол, а что его давно не видно, а в ответ: он уже пару месяцев в Украине.

Еще двадцать человек пропали без вести. Матери и жены мобилизованных создали общую группу в соцсетях, чтобы поддержать друг друга. Они делятся информацией, если кто-то из мужчин дозвонился домой. При возможности расспрашивают тех, кто в строю, подробно беседуют с ранеными. Все очень надеялись, что пропавшие обнаружатся с отводом войск с правого берега Днепра при сдаче Херсона, но после перегруппировки список сократился лишь на несколько фамилий.

По мнению Евгения, в «священность» этой «операции» верят лишь немногие из горожан, ни о «нацистах», ни о «хохлах» ни от кого из родственников мобилизованных не слышно.

— За последнее время только однажды столкнулся с приступом гнева по отношению к украинцам, — признался Евгений. — В городе была акция по сбору макулатуры, и часть денег организаторы намеревались направить на поддержку мобилизованных. Один из родственников погибших парней — дедушка преклонных лет — сдал пару сотен килограмм с просьбой: «Купите снаряд и напишите "За племянника!"»

Невьянский район похоронил десятерых — это можно посчитать по могилам на кладбищах. Места для следующих похорон подготовлены. Раненых в районе несколько десятков. Коновалов говорит, что некоторым из них сказали: «Лечитесь, не расслабляйтесь, скоро обратно».

8.

12 января 2023 года
Триста двадцать третий день войны
Регион: Самарская область

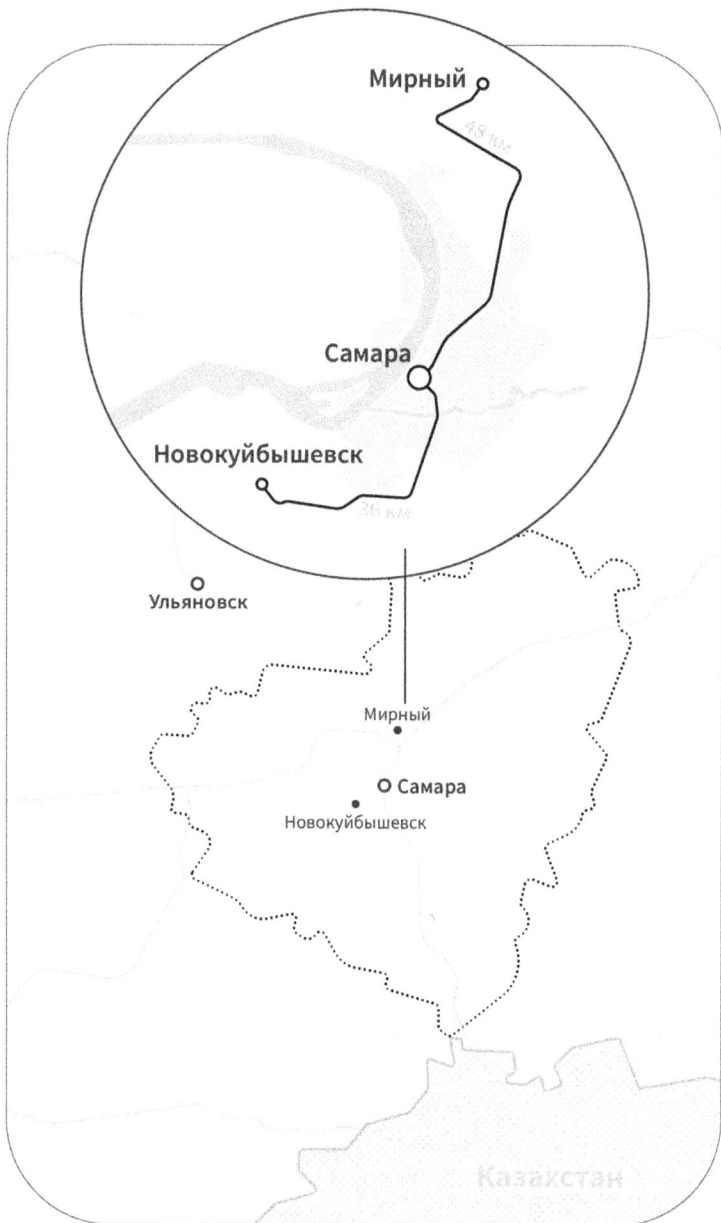

Мирный

48 км

Самара

Новокуйбышевск

36 км

Ульяновск

Мирный

Самара

Новокуйбышевск

Казахстан

Гробовая тишина

*Репортаж из Самарской области, где под новогодний
антураж тихо, чтобы никто не заметил и не возмущался,
хоронили погибших в Макеевке мобилизованных*

Ирина Купряхина

Название украинского города Макеевка, где в новогоднюю ночь погибли сотни российских мобилизованных, должно стать именем нарицательным. Когда
выясняешь, кем были эти вояки, как попадали на войну, зачем шли туда, то кажется: чем дольше длится
война — тем больше «макеевок» еще впереди.

Перед Рождеством на Волге ударил мороз под тридцать. После
предновогодней оттепели Самара превратилась в сплошной
кусок льда. Лед игриво отражал огоньки гирлянд, от этого
город выглядел очень празднично. Музыка звенела, народ
спешил повеселиться напоследок в оставшиеся дни кани-
кул. Под эти огоньки, эту музыку и это веселье в ночь на Ро-
ждество в Самару привезли гробы. В окаменелой земле надо
было срочно выдолбить могилы для погибших в украинской
Макеевке. Сколько могил? А сколько погибло в апреле вместе
с крейсером «Москва»? Никто точно не знает.

В ночь на 1 января в городе Макеевке под Донецком удары
украинских «Хаймарсов» уничтожили ПТУ № 19, превращен-
ное в казарму российских войск. Трехэтажное здание просто
втерли в асфальт. По информации «Новой-Европа», с 17 декабря там был расквартирован один из батальонов 44-го полка
2-й гвардейской общевойсковой армии. К этому полку при-
писывали мобилизованных в Самарской области. Точного
числа погибших никто не называет. Военком Самарской области с говорящей фамилией Вдовин объявил, что и не назовут:

никаких списков публиковать не будут, чтобы секрет не выведала украинская разведка. Люди в Самаре сами пытаются собрать хоть какую-то информацию и сделать свои подсчеты.

— В декабре туда уехали три батальона, — шептала мне на ухо женщина на похоронах мобилизованного в Новокуйбышевске. — Первый и второй отправили на передовую еще 28 декабря, это я точно знаю, у соседки туда обоих сыновей забрали. А третий батальон оставался в казарме, вроде они там ждали, пока техника подойдет. Они и повоевать-то не успели.

По информации, которую пересказывают друг другу самарцы, техника в Макеевку понемногу прибывала, ее ставили рядом со зданием ПТУ, чтобы идти «бить врага сразу после праздников». Внутри казармы складировали боеприпасы. От ракетных ударов боеприпасы сдетонировали, техника загорелась. От трехэтажного здания не осталось даже руин.

Еще один полк, составленный из мобилизованных в Самарской области, — 43-й — остается (по состоянию на 12 января) на учебной базе в поселке Рощинском в 20 километрах от Самары. Численность одного из его батальонов — 580 человек. По этим данным можно оценить, что в здании ПТУ в момент удара находилось примерно столько же людей. Украинская разведка утверждает, что там располагались еще отряд спецназа, связисты, артиллеристы и подразделения Росгвардии, но кадровые военные могли проводить новогоднюю ночь где-то в других местах. Есть еще слух, что какие-то мобилизованные ушли в самоволку, и это спасло им жизнь.

В украинских источниках появились данные о шести сотнях тел, вывезенных из-под завалов на двенадцати грузовиках. В Самаре этому не верят. Информация, появившаяся в первые дни после удара, пока не меняется: опознано 89 тел. Как это было и с крейсером «Москва», остальные военнослужащие, если еще сами не связались с родными, числятся пропавшими без вести. За пропавших без вести можно не платить компенсаций родственникам.

Минобороны обвинило в гибели мобилизованных их самих: болтали по телефонам и вызвали тем самым огонь противника на себя. Позже в Сети появилось видео: крупный и явно не очень молодой человек с изуродованным лицом представляется как Антон Головинский и рассказывает, что погубил всех полковник Еникеев, собравший батальон в одном зале, чтобы слушали Путина. К видео есть постскриптум: Антон Головинский умер от ожогов вскоре после записи видео.

Если позвонить в квартиру, где жил Антон Головинский, домофон выдает ошибку. Там с сентября никого не было. Соседка Люба, знавшая Антона с детства, уверенно сказала: на видео — не он. Реальный Головинский, по ее словам, человек молодой, худосочный и нездоровый. Его действительно мобилизовали в сентябре, хотя соседка до сих пор понять не может, как это получилось.

— Он ведь в психбольнице вроде как лежал, наркоманил, — поделилась она. — Потом вроде нормально было, женился, двоих детей нарожал. А в 2019 году что-то с ним произошло — никто не знает. Выскочил из дома, голый по улице бегал, всего себя порезал… Как его взяли сейчас — не знаю.

Где сейчас настоящий Антон Головинский, жив ли он, неизвестно. А вот полковник Еникеев, видимо, при атаке на казарму не пострадал. До сентября Роман Еникеев работал в областном Минтрансе, оттуда был мобилизован, получил командование 44-м полком и объяснял новобранцам, что «каждый мужчина в России — это воин». Родные мобилизованных, попавших в подчинение к Еникееву, говорят, что в ночь на 1 января его в казарме не было.

«Я такой же»

Никто в Самаре не знал, когда и куда повезут тела. Полицейская машина с мигалкой дежурила у морга на Тухачевского, потом выяснилось, что один гроб надо ждать на Дзержинского. А позже оказалось, что одни тела повезли в Самару, другие — в Новокуйбышевск, в Мирный, в Тольятти, в Сызрань и другие города и деревни, откуда забирали мобилизованных. Это логично: с одной стороны, хоронить героев и надо на родине, с другой — не соберется слишком много скорбящих людей сразу. Общего прощания с героями никто не собирался устраивать.

Александр (имя изменено) ездил по военкоматам, чтобы выяснить, где его друг. Тот был мобилизован в сентябре, а с декабря о нём ничего не слышно. Но военкоматы дают информацию только о родственниках, а у друга никого из родни нет.

— Другу 42 года, — рассказывает Александр. — Его, скажем так, подставил работодатель, повесил на него долг в два с половиной миллиона. Долг этот уже лет пять висит. Я говорил ему: оформи банкротство. А тут — мобилизация. Он и пошел на войну, чтобы денег заработать. Сказал, что столько обещают за ранение. Типа он потеряет ногу, а за это дадут три ляма.

В клубе «Нефтяник» поселка Мирный отменили рождественский концерт 7 января, но праздничное убранство на улице снять не рискнули. И под отблесками новогодних гирлянд в фойе стояли два гроба. Женщины в черном с почерневшими лицами сидели рядом на стульях. Односельчане шли с соболезнованиями, склонялись над окошками в крышках гробов, смотрели на восковые маски под стеклами, клали гвоздики, уходили. В воздухе висел запах корвалола. На одном из венков над первым гробом я прочитала, что погибшего звали Дмитрий Александрович Ромаданов. Над вторым гробом венки были развернуты так, что имени я рассмотреть не смогла.

Рядом с залом прощаний метался щуплый пьяный мужичок в стоптанных кроссовках. Он плакал, но не по убитым. Его зовут Андрей, он такой же мобилизованный, как они, только еще не уехал воевать. На следующий день после похорон Андрею нужно было возвращаться в учебку в Рощинском, новогоднее увольнение кончается. Сотрудница клуба «Нефтяник», миловидная блондинка, пыталась вывести его плакать на улицу, но необходимость сохранять выражение скорби на лице мешала ей действовать решительно. Поэтому мужичок, услышав, что здесь пресса, вырвался.

— Я такой же, как они, — он вцепился в мою руку и стал быстро-быстро рассказывать. — Мне 50 лет, и вот так вот беззаконно меня забрали. Я к военкому подошел, посмотрел в глаза, а он на меня так смотрит — ни стыда, ни совести…

— Мобилизация до 50 лет, — не разжимая губ, повторяла блондинка и тянула вторую руку бедняги к выходу.

— Я работал водителем, — продолжал Андрей. — Мне говорят: пулеметчиком будешь. А у меня уже возраст такой, что я не вижу ничего. И вот завтра уже еду. Нас собрали еще в октябре, 27 числа. Я последний человек был в военкомате. У меня грыжа пупочная! Потом на Новый год нас в увольнительную отпустили, а завтра обратно. И что мне делать?!

Он опять вырвался из рук блондинки. Упал на кресло в фойе, высоко закатал треники и показал мне худые голени, покрытые язвами. Потом вскочил, поднял свитер и показал пупочную грыжу. Я подумала, что навоюет этот вояка, видимо, и вправду немного.

— Они такие же были, я их знал обоих, — тыкал он пальцем в сторону гробов. — Медкомиссия была — ничего они не увидели. У меня в ноге штырь железный. На них, говорят, мины в первую очередь реагируют. Никого не брали, у кого импланты. Только меня забрали. Не могу я ехать туда! То есть я-то поеду, мне деваться некуда. Но вы вот мне ответьте: почему?! Военком мне вопрос задал: хочешь служить? Я отвечаю: нет, я по здоровью уже не могу. А он мне — всё равно будешь…

Рождественский концерт

8 января хоронили во многих городах и селах области. В Самаре неизвестные заявили о митинге на площади Славы. От властей требовали объявить траур, а землякам, которые риск-

нут прийти на акцию, обещали бесплатную раздачу водки. Через 40 минут после заявленного начала митинга на площади громко играла музыка, создавая новогоднее настроение сотрудникам полиции. Их было с полтора десятка, а кроме них — продавщица шаурмы вышла из ларька да я достала из сумки камеру. И меня тут же забрали за участие в незаконном массовом мероприятии. Следующие два часа я провела в отделе полиции, поэтому так и не узнала, насколько массово смогли жители Самары требовать траура.

В Марьевке в это время хоронили мобилизованного Александра Андросова. Ему было 38 лет. В деревне осталась его мама. Сам он жил в Самаре с женой и дочкой и работал водителем в продуктовом магазине. Как-то попался на пьяном вождении. Потом его имя мелькало в полицейских сводках в связи с кражей аккумулятора, запасного колеса и бензина у односельчанина. Рассказать о нём подробнее согласился его одноклассник Вячеслав.

— Саша был человек тихий, спокойный, активный, общительный, позитивный — описывает он друга детства. — Почти каждую неделю приезжал помочь маме. А так — работа, семья, хобби. Любил рыбалку. Хорошо зарабатывал, вел здоровый образ жизни, не пил, не курил.

Виделись друзья «каждые пять лет» на школьных вечерах встреч. Последняя встреча произошла как раз в июне этого года. Война шла четвертый месяц, на празднике о ней не говорили.

— Даже темы такой не возникало, — удивляется моему вопросу Вячеслав. — Есть же военные, они и воюют.

В сентябре, когда началась частичная мобилизация, Андросов получил повестку. Ее принесли из военкомата к маме в Марьевку. Мама сообщила сыну, тот поехал в военкомат, а уже через несколько дней семья провожала его «в расположение» — как раньше провожала на рыбалку. На войне

Андросов собирался заниматься тем же, чем в мирной жизни: водить машину и ремонтировать технику.

— Сашу больше всего волновало, возьмут ли его обратно на работу, когда вернется со спецоперации, — вспоминает Вячеслав. — Ему пообещали, что машина останется за ним, может спокойно возвращаться.

В этот же день в городском морге Новокуйбышевска, в прощальном зале, шла панихида по прапорщику Георгию Ложкину. Справа от гроба плакала женщина. У нее за спиной с неподвижными лицами стояли в ряд немолодые мужчины в костюмах ветеранов Великой Отечественной, их кители были покрыты орденами и медалями, как панцирями. Когда один из них вышел курить, я спросила, знал ли он покойного.

— Нет, что вы, — улыбнулся ветеран. — Мы из Союза офицеров запаса, нас всегда зовут, когда провожают воинов.

Конца фразы я не расслышала. Женщина, плакавшая возле гроба, вдруг громко закричала, я разобрала слово «отнял». Крик сменился сдавленными рыданиями, а в зале на секунду повисла тишина. Появился батюшка. Две женщины в платках, с трудом протискиваясь в тесноте, раздали всем по свечке, люди зажигали свечи одну от другой, батюшка отпевал покойного, и истинным чудом было то, что в морге не случилось пожара.

Георгию Ложкину было 46 лет. Его старший сын работает врачом здесь же, в Новокуйбышевске. Младшему исполнилось девятнадцать. Сам Ложкин служил охранником на нефтеперерабатывающем заводе. Заработки имел невеликие. Когда началась мобилизация, он пошел в военкомат добровольцем.

— Светлый был человек, — вспоминает соседка Ложкиных, Марина. — Я сама только на днях узнала, что он жену обманул: сказал ей, что повестка пришла. У нас сыновья учились в одном классе, и вот ребятишки говорили друг дружке — так мы и узнали, что он, оказывается, добровольно ушел. Значит, такой у него был зов души. Отстоять за нашу страну. У нас же

Русь — она всегда как бы... Не каждый добровольцем, тем более сейчас, пойдет воевать...

— У вас есть семья? — перебиваю я Марину.

— Да, у меня муж есть, сын есть.

— Вы бы хотели, чтобы они тоже пошли «отстоять за нашу страну»?

— Не хотелось бы, конечно...

Днем позже в Новокуйбышевске хоронили еще троих погибших в Макеевке, а вечером в городском ДК шел рождественский концерт.

— А зачем отменять? — удивились в один голос сотрудница ДК и охранница.

Всего в их маленьком городе, как они рассказали, известно о десятерых погибших.

— Но мы вообще-то толком не знаем, сколько наших привезли, никто ничего не говорит, — уточнила сотрудница ДК. — Там же под завалами еще много людей остается.

Едва я вышла из здания, как выяснилось, что именно я на общей парковке возле ДК поставила прокатную машину неправильно. Соблюдение ПДД в этом городе обеспечивал подполковник полиции. Но вместо водительских прав он почему-то потребовал паспорт и редакционное удостоверение. И нарушение ПДД плавно перетекло в «незаконное интервьюирование граждан», в итоге я провела в отделе полиции еще два часа.

«Это был его шанс вернуться в армию»

Утром 9 января в Доме офицеров Самары торжественно прощались с подполковником, замкомандира 44-го полка Алексеем Бачуриным. Панихида проходила в том же зале, где вчера дети плясали вокруг елки. Внутри приметы праздника убрать догадались. Со стен вновь смотрели портреты Сталина и других «великих маршалов». Стенд «Вооруженные силы Российской Федерации» с портретом Сергея Шойгу открывала цитата из министра обороны: «Сильная, профессиональная и хорошо вооруженная армия нужна нам для благополучного и мирного развития страны». Когда гроб вынесли на улицу, чтобы везти на кладбище, процессию встретило новогоднее убранство площади перед зданием Театра оперы и балета. И катафалк поехал по городу, продолжавшему веселиться, несмотря на первый рабочий день.

— Мы с Алексеем служили вместе, я был его командиром, — рассказывает друг подполковника Бачурина Вячеслав. — Потом наши пути чуть разошлись. Я ушел на пенсию, а он пошел дальше служить, поступил в Академию. Но вскоре ему пришлось уволиться. Были там свои передряги… Не очень хорошие обстоятельства. Наиграно всё было… В общем, подставили его товарищи полицейские, пришлось уйти. И на гражданке он себя не мог найти. И там пытался работать, и сям. Со мной работал, в моем бизнесе. Куда потом пошел — не знаю. Но маму привез в Самару из Благовещенска. Она там всё продала, здесь ей дом купили. Собирался достроить.

К началу мобилизации, по информации «Новой-Европа», на подполковнике запаса Бачурине уже пять лет висели два просроченных кредита. Его друг уверен, что Алексей шел на войну не из-за денег.

— Лёха был очень счастлив, когда его призвали, — уверен Вячеслав. — Армия — это была его жизнь, это было для него всё. Деньги за службу — это ему было побоку, ему важна была просто служба. Я-то уходил — зарплаты в армии были копеечные, — а он остался служить. Мобилизация — это для него была возможность вернуться [в ту жизнь]. Он был уверен, что после этого уже в армии останется. У нас все знали, что там будут разворачивать пять дивизий ВДВ, что сейчас еще полмиллиона человек будет мобилизовано. И Лёха понимал, что после этого он в армии точно останется.

В Украину 44-й полк прибыл 17 декабря. Замкомандира Бачурин отвечал за боевую подготовку мобилизованных. Может быть, даже успел их подготовить, только проверить этого не пришлось.

— Когда пришли туда, у них из вооружения были только автоматы, а с автоматами не побежишь же на танки, — продолжает Вячеслав. — Я его спрашивал: Лёш, у тебя что-то есть из тяжелого? Вообще, говорит, ничего нет. Ни танков, ни БМП, ни ПТУРов. Их батальон ждал, к кому прикрепят.

Гроб с телом Бачурина опустили в могилу под салют и гимн. Рядом еще две ямы ждали еще двоих погибших в Макеевке. С ними не было такого прощания, их разнесли по времени, только бы не показать: только на одном кладбище в один день и только в Самаре хоронят сразу троих. Второе имя я прочитала на кресте, прислоненном к оградке возле второй свежей ямы: Анатолий Починяев, 48 лет.

Если пройтись по Рубежному кладбищу, то по свежим крестам можно читать историю этой войны. В конце июня и в июле российские войска завоевывали Северодонецк и Лисичанск. В сентябре ВСУ перешли в контрнаступление под Харьковом, освободили Балаклею и Изюм. В России началась «частичная мобилизация». Российским войскам пришлось уйти из Херсона… Каждый такой этап — новые кресты с новыми датами с разницей в день-два. И это на одном только кладбище в одной только Самаре, а мы ведь до сих пор и о нём не знали. Сколько по всей стране таких кладбищ, где никто не считал новых могил?

9.

10 февраля 2023 года
Триста пятьдесят второй день войны
Регион: Саратовская область

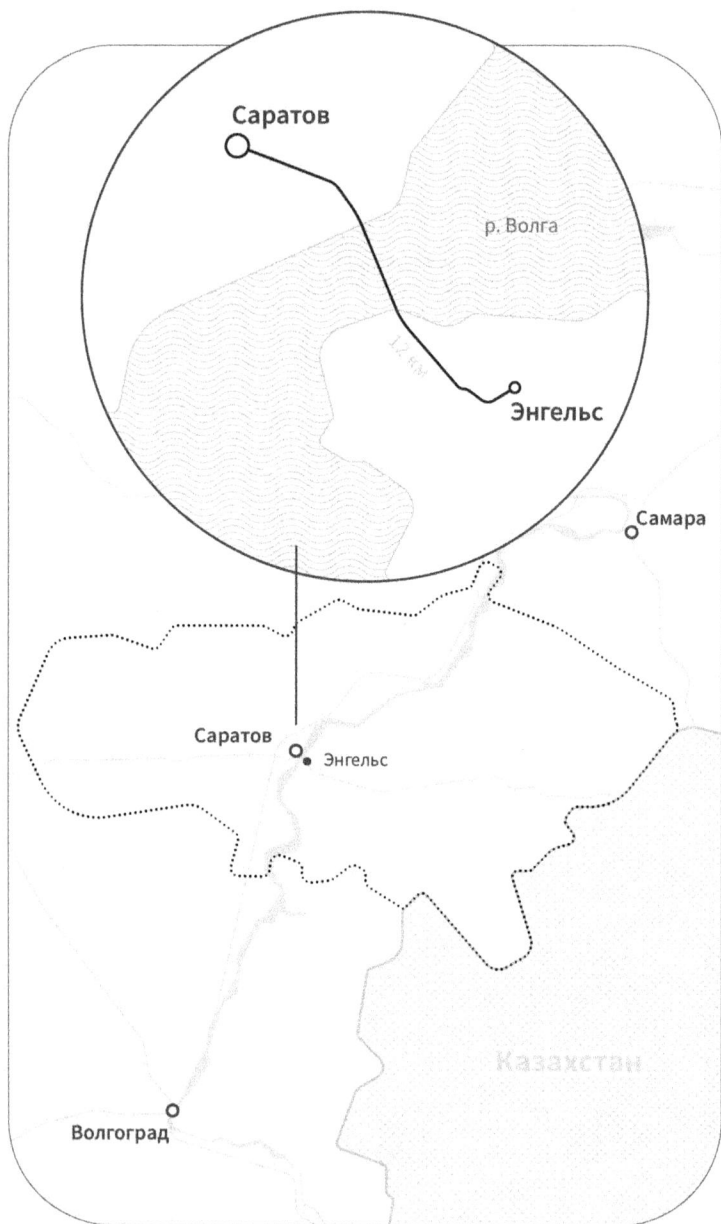

Саратов

р. Волга

12 км

Энгельс

Самара

Саратов
Энгельс

Волгоград

Казахстан

Кича пепла

*Нелепая жизнь и нелепая смерть зэка-
«вагнеровца» Спартака Курьянова*

Татьяна Сметанина

«Короче, мы попали в окружение», — говорит в камеру парень в военной экипировке без знаков отличия. На бронежилете — нашивка с именем «Шкабрик» и патч цвета хаки с «мертвой головой».

«На самом деле, нам *** [конец], скорее всего, — усмехается его товарищ чуть постарше. — «Но *** [черт возьми], может, выживем?» Они сидят на каменных обломках, прижавшись спиной к кирпичной стене. Недалеко слышны выстрелы.

В конце ноября 20-секундное видео с этими бойцами появилось в Z-каналах и пабликах. «Два поклонника киевского режима попали в окружение, о чем решили записать ролик», — гласили комментарии.

«Это Спартак, 100 процентов, никаких сомнений», — узнал Стас Курьянов своего брата-близнеца в бойце, который надеялся выжить. Спартак Курьянов — заключенный колонии строгого режима ИК-2 в Энгельсе Саратовской области. Ролик прислал Стасу представитель ЧВК «Вагнер». Ему также передали нательный крестик, две медали, грамоту от главы «ЛНР» Леонида Пасечника и свидетельство о смерти Спартака Курьянова, 1990 года рождения. Согласно документу, он погиб 23 октября 2022 года в Артёмовске (ДНР). В общем, под Бахмутом.

30 сентября прошлого года отбывающий наказание по статьям за грабеж и разбой Спартак Курьянов покинул колонию, хотя на свободу должен был выйти лишь 11 июля 2025 года. Вместе с другими завербованными зэками он отправился в аэропорт, а оттуда — в лагерь слаживания ЧВК.

Что могло толкнуть 32-летнего человека, которому оставалось сидеть менее трех лет, пойти воевать в Украину? И почему вербовке, а это уголовное преступление, не помешали контролирующие и надзорные органы, куда обратился его дядя-правозащитник?

«Пушечное мясо голимое»

«Там воевать вас не вербуют случайно? На 10-ке [в ИК-10] вроде были», — в 20-х числах сентября написал в телеграм Спартаку его дядя Петр Курьянов, эксперт Фонда «В защиту прав заключенных», до которого дошла информация о появлении в колониях Саратовской области «вагнеровских» эмиссаров. «А что, это реально такая херня?» — вопросом на вопрос ответил Спартак. Когда Петр сообщил, что на фронт уже отправили кучу заключенных, его племянник проявил интерес, спросив, что там на самом деле. «Пушечное мясо голимое», — отозвался Петр. Но Спартака его слова не убедили: он не поверил, что шансов выжить нет.

В ИК-2, зоне на окраине Энгельса, Спартак отбывал шестилетний срок. В июле 2019 года Энгельсский районный суд признал Курьянова виновным в грабеже и разбое (ч. 3 ст. 30, п. «г» ч. 2 ст. 161, ч. 1 ст. 162 УК РФ). Как следует из приговора, ночью 14 декабря 2018 года Спартак напал на женщину и, нанеся ей несколько ударов кулаком по голове, попытался отобрать у нее телефон стоимостью 500 рублей, а когда это не удалось, совершил разбойное нападение на другую женщину, отобрал у нее смартфон стоимостью 1500 рублей, также применив насилие. Обвиняемый хотел похитить и ее сумку, но ему помешали.

За это Курьянов получил шесть лет с отбыванием наказания в колонии строгого режима. Отягчающим обстоятельством стало наличие у него двух судимостей: еще будучи несовершеннолетним, он получил восемь месяцев условно по статье о мошенничестве, и еще до их истечения — 9,8 лет за убийство (по ч. 1 ст. 105, ч. 1 ст. 112 УК РФ). Срок он отбывал в саратовской ИК-10 строгого режима. На свободу вышел в мае 2018 года. Успел завести страницу в социальной сети «Вконтакте», выложил несколько своих фоток: напряженное лицо, потухший взгляд. А в январе его уже задержали за разбой и грабеж.

Как «второхода» Спартака поместили в ИК-2 для неоднократно судимых. Эту колонию, единственную в СССР, решением партии и правительства наградили памятным рубиновым знаком «За трудовую доблесть». Знающие люди говорят, что ИК-2 не отличается ни особо строгим режимом (действует подпольное казино, налажены поставки наркотиков, выпивки, телефонов), ни справедливостью: достаточно зэку чем-то не понравиться начальству, чтобы у него возникли проблемы. Видимо, они у Спартака и возникли, так как последние года два он сидел в помещении камерного типа в ПФРСИ — следственном изоляторе внутри колонии.

«Я еду в одну сторону»

Петр Курьянов регулярно общался с племянником по видеосвязи и видел обстановку в камере: общий стол и сидельцев вокруг него. О войне в Украине Спартак говорил неохотно, ссылаясь на то, что не разбирается. Он дал понять дяде, что разговоры на эту тему не одобряются. «Кем, администрацией?» — подкалывал его Петр, хотя знал, что по неписаным правилам тюремного общежития обсуждать политические темы в камере не принято. По его словам, в споре можно обидеть человека, а завтра ворвется и всех изобьет ОМОН — и кто тогда подаст стакан воды?

В личной же переписке Пётр подкидывал племяннику видео с результатами бомбежек, материалы о последствиях санкций.

— Спартак соглашался, что экономически страна пошла в минус. Почему-то я был уверен, что он правильно понимает ситуацию, и не опасался, что он поедет воевать, — говорит Петр.

Забросив Спартаку вопрос о вербовке, он хотел лишь узнать, как в «двойке» приняли посланцев ЧВК. Ему было известно, что в одних колониях тех посылали, в других записывались. Поэтому, когда Спартак не поверил, что на фронте зэков ждет участь «пушечного мяса», Петр насторожился. Он переслал ему опубликованное в украинском телеграм-канале видео с допросом пленного «вагнеровца» из заключенных. «Вот еще шанс», — прокомментировал он со смайликом, намекая на плен. «Ну тогда я еду», — тут же написал Спартак без знаков препинания, и было непонятно, шутит он или настроен всерьез. О намерениях племянника Курьянов-старший догадался, когда в ответ на реплику, что сейчас в плен уже так просто не свалишь, Спартак отреагировал однозначно: «А я и не собираюсь, я еду в одну сторону».

Нечто похожее звучало и в «мотивационных» речах бизнесмена Евгения Пригожина, которые основатель ЧВК «Вагнер» произносил перед зэками. Он как раз говорил, что для тех, кто поедет с «вагнеровцами», обратной дороги уже нет — в зону не вернется никто. На слуху были и озвученные им требования к кадрам: «В первую очередь интересуют убийцы и разбойники». Спартак подходил по обеим статьям. Вскоре источник Петра Курьянова в ИК-2 сообщил, что его племянник, похоже, готовится к отправке.

Преступление по согласию

«А не может быть так, что он сам согласился?» — предположила секретарь Общественной наблюдательной комиссии (ОНК) Саратовской области, когда Курьянов сообщил ей, что племянника в ближайшие два-три дня незаконно этапируют из ИК-2 в район боевых действий силами некой ЧВК, и попросил взять эту ситуацию под контроль (*запись разговора имеется в распоряжении редакции*). «Согласился на что? На совершение уголовного преступления?» — в свою очередь спросил ее Петр. Видимо, секретарь ОНК, назвавшаяся Кристиной Николаевной, была не в курсе, что вербовка является уголовным преступлением (статья 359 УК РФ, срок от 4 до 8 лет), как и участие в вооруженном конфликте в качестве наемника, — от 3 до 7 лет.

Женщина сослалась на многочисленные видео в телеграме, когда в местах лишения свободы при вербовке людям рассказывали о последствиях решения. «Не могут же его отправить против воли?» — спросила Кристина Николаевна. Она не уточнила, при чём здесь чье-то согласие, если речь идет о готовящемся преступлении. О подобных случаях информированного согласия, когда вербовали в присутствии прокурора и под видеозапись спрашивали сидельцев «желаете/ не желаете», сообщала также «Русь Сидящая».

В тот день, 26 сентября, Петр Курьянов направил заявление о совершаемом на территории ИК-2 тяжком преступлении еще в два адреса помимо ОНК: в саму колонию и в Главное управление ФСИН РФ по Саратовской области. В обоих заявлениях он просил привлечь к уголовной ответственности сотрудников ИК-2, «которые в нарушение действующего законодательства с явным превышением должностных полномочий осуществляют подготовку к незаконному этапированию силами ЧВК "Вагнер" содержащегося в помещении камерного типа ФКУ ИК-2 <…> осужденного Курьянова Спартака Андреевича, 09.02.1990 года рождения, в район боевых действий с незаконным вручением осужденному Курьянову боевого огнестрельного оружия».

Одновременно в прокуратуру области был направлен запрос от СМИ — газеты региональных правозащитных организаций «За права человека». Не надеясь на оперативную реакцию правоохранительных органов и «общественных контролеров» из ОНК, Петр попросил знакомого адвоката навестить племянника в колонии, чтобы «в случае чего» тот непосредственно на месте воспрепятствовал бы его отправке.

Ответ от врио начальника колонии придет через две недели после похорон Спартака. Остальные так и не ответили.

До отправки в Украину

— Не было у него проблем со здоровьем, иначе бы его не взяли на войну. В ОТБ-1 (*скандально известная саратовская областная туберкулезная больница УФСИН. — Прим. авт.*) его посылали якобы на какие-то диагностические исследования, — говорит адвокат Александр Калабин.

По словам защитника, в эту больницу его подопечного возили примерно за пару месяцев до отъезда в ЧВК. Эта «больница» прогремела на весь мир в октябре 2021 года, когда медиа начали публиковать оперативную съемку с пытками и изнасилованиями из «архива ФСИН», вывезенного из России бывшим заключенным ОТБ-1 Сергеем Савельевым. И хотя с того времени на сотрудников учреждения и их подручных возбудили уже полтора десятка уголовных дел, а бывшего начальника арестовали, подозрительные смерти в больнице не прекращались: в августе там снова покончил с собой заключенный.

Отправку Спартака в ОТБ его адвокат считает актом запугивания, хотя причина ему неизвестна. По возвращении из больницы Курьянова-младшего снова поместили в ПФРСИ, в камеру. «Камера на 6–8 человек, после побудки и до отбоя шконки пристегнуты, лежать нельзя. Раз в сутки их выводили на прогулку во внутренний дворик, три на четыре метра, раз в неделю — в душевую на этаже. Всё остальное время они сидели в "каменном мешке"», — так условия содержания в следственном изоляторе описал дядя Спартака Петр.

— Когда на протяжении почти двух лет не видишь белого света, то у любого нормального человека начинает подтекать крыша, — говорит Александр Калабин, который рос со Спартаком в одном дворе.

Адвокат регулярно навещал его в колонии. Не ради УДО, а для решения вопросов, связанных с нарушением Уголовно-исполнительного кодекса РФ в части условий содержания. Например, когда, по словам Калабина, не приносили ужин или выдавали грязное, завшивленное белье.

По просьбе Петра Курьянова 28 сентября Калабин отправился в колонию. Он получил ордер, а потом долго ждал, когда ему выпишут пропуск. Через несколько часов его привели в комнату адвокатов, разделенную сплошной перегородкой из оргстекла. Чтобы можно было общаться, в стекле были просверлены отверстия. «Размером, как от сверла на десять», — уточняет Александр. На стене у него за спиной вела запись видеокамера, в окошко двери за встречей наблюдал сотрудник. Конфиденциально поговорить в такой обстановке было нереально.

«Никуда не собираюсь! Я не знаю, откуда Петр это взял», — отвечал Спартак на вопросы о вербовке в наемники. По словам адвоката, выглядел тот, как обычно, был одет по уставу: на нем была лагерная роба с биркой, кепка.

— Он был абсолютно спокоен, пытался вести себя естественно, как будто ничего не произошло, — вспоминает Александр Калабин.

Выйдя из колонии, он позвонил Петру и рассказал о разговоре. Через два дня Калабин позвонил ему снова: «Петь, они едут в сторону войны». Об этом ему уже с дороги сообщил другой его доверитель из ИК-2, также завербованный «вагнеровцами».

Солдат удачи с неважным зрением

— В тире я любил стрелять, а он не умел. Да какое ему стрелять, он слепой, в очках ходил! — характеризует «военные навыки» Спартака его брат Стас Курьянов.

153

По его словам, в школе на уроках НВП он стрелял за них обоих: провернуть это близнецам было нетрудно. Очки же Спартак носил недолго: выбросил их, а родителям сказал, что потерял.

— Зато физическая подготовка была у него на высоте. Я стрелял хорошо, а он дрался еще лучше, чем я стрелял, — говорит Стас.

О других талантах Спартака, которые могли бы пригодиться на войне, неизвестно: в армии он не служил и даже не был военнообязанным.

— Откуда ж у него навыки? Он в 18 лет сел, в 28 — вышел. Год погулял и опять заехал, — сетует Стас.

Так вышло, что последние два года они не общались. И вдруг в конце сентября Спартак позвонил и сообщил, что едет воевать.

— Сначала сказал, что его все бросили и что он никому не нужен. А потом: «А что я в своей жизни сделал? Родителей позорил, тебя позорил, племянников позорил… А так хоть как-то отмоюсь», — передает Стас объяснение брата.

Разговор длился секунд 20, не больше, поэтому они лишь успели попросить друг у друга прощения и попрощаться. После этого они не общались.

Сколько зэков летели вместе с ним на фронт, Спартак не сказал. Точно известно, что в том же «призыве» был еще один сиделец из ИК-2 — клиент адвоката Александра Калабина. По его словам, тот проиграл в тюремном казино при колонии полмиллиона, мать заплатила долг, он решил отправиться на фронт, чтобы заработать и вернуть эти деньги.

«Без вашей воинской херни похороним»

Очевидно, Спартак и его спутник были среди тех 10 тысяч заключенных, на которых сократилась численность колоний в сентябре — с 348 до 338 тысяч человек. По подсчетам «Медиазоны», изучившей данные ФСИН, на фоне вербовки в ЧВК

«Вагнер» суммарно в сентябре и октябре из колоний «пропало» более 23 тысяч сидельцев-мужчин.

В следующий раз о брате Стас услышал в первой половине ноября. Он был на работе, когда ему позвонил человек из ЧВК «Вагнер» и сообщил, что Спартак погиб, подорвался на мине. Сомнений в его смерти у них не было, так как погиб он на глазах у людей. В свидетельстве о смерти, выданном 10 ноября в Ростове-на-Дону, были указаны дата и место — 23 октября, Артёмовск, ДНР. При этом почему-то в грамоте от главы «ЛНР» Леонида Пасечника говорилось, что «Курьянов Спартак Андреевич погиб за свободу и независимость Луганской Народной Республики».

Документы Спартака, награды (медаль ЧВК на зеленой ленте и медаль «За отвагу») и «компенсацию» Стасу Курьянову передали при встрече представители «Вагнера». Они пересеклись в Самаре, в номере гостиницы. По их разговору и отсутствию видимых наколок у Стаса сложилось впечатление, что они не из зэков.

Тело Спартака должны были доставить на родину в Энгельс, где похоронены его родители. Но процесс затянулся. «Ожидайте!» — отвечали в ЧВК на вопросы семьи. Задержку объяснили проблемами с «Аэрофлотом». В какой-то момент представитель ЧВК предложил похоронить Спартака на кладбище в Самаре — с воинскими почестями на Аллее героев. Семья отказалась.

— Я им говорю: «Нет, ребята, лучше сюда». Мы его и без вашей воинской херни похороним! По-нормальному, — вспоминает тот разговор Стас.

Из-за сложностей с доставкой тела Спартака Курьянова похоронили лишь под самый Новый год. Возле родителей. В последний путь его провожали только родные и знакомые.

Через две недели после похорон, 12 января, Петру Курьянову пришел из ИК-2 ответ на его сентябрьский запрос: «Сообщаем, что в соответствии с Федеральным законом РФ от

14.07.2006 №152-ФЗ "О персональных данных" информация не предоставляется», — написал врио начальника колонии А. А. Симонов. Ответов из областного УФСИН, облпрокуратуры и ОНК по состоянию на начало февраля Петр Курьянов не получил.

10.

20 февраля 2023 года
Триста шестьдесят второй день войны
Регион: Ивановская область

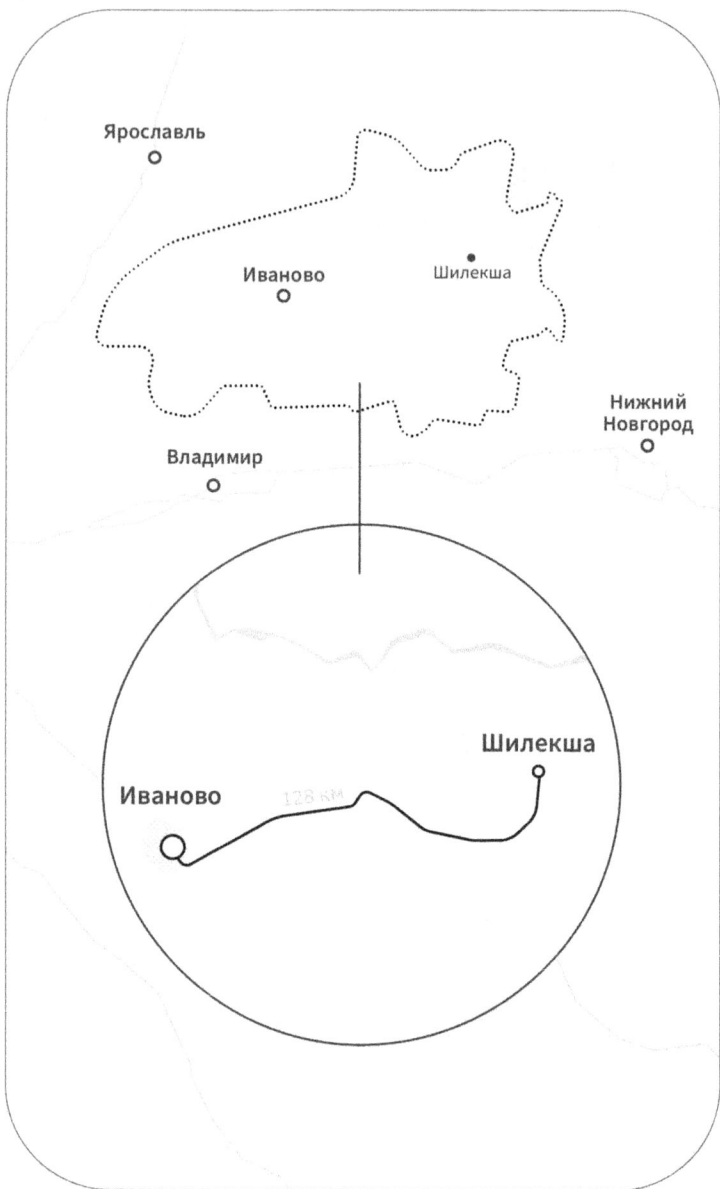

Падший смертью храбрых

Как в России сочиняют истории о героизме военных: репортаж из деревни, где жил и учился погибший в пьяной перестрелке артиллерист Обухов

Сергей Потаповский

Перестрелка в Херсоне

Темным южным вечером 17 июня 2022 года в летнем кафе напротив гостиницы «Фрегат», что на набережной Днепра в Херсоне, раздались выстрелы. Сначала одиночные. Потом застрекотал автомат, вспоминают местные жители. Несколько секунд — и на асфальте остались лежать три безжизненных тела и двое раненых. Еще через несколько минут зазвучала сирена скорой помощи.

Позже журналисты узнают, что в перестрелке погиб военнослужащий Сергей Обухов и два сотрудника ФСБ Игорь Якубинский и Сергей Привалов. Военнослужащего Игоря Судина и подполковника ФСБ Дмитрия Бородина госпитализировали, а позже перевезли в больницу в Крыму. Единственный, кто не пострадал в перестрелке, по утверждениям СМИ, был Евгений Тихонов, сын экс-главы центра специального назначения службы безопасности Александра Тихонова. Он сумел оперативно скрыться с места конфликта.

— Русским у нас настолько скучно, что они уже друг в друга стреляют? — удивлялся утром следующего дня Евгений, бывший сотрудник херсонской полиции. Весть о ночном происшествии моментально облетела замерший город. — Артиллеристы из РФ постреляли фээсбэшников из РФ! Да эти вояки теперь нашими «героями» будут…

По словам экс-полицейского, от своих бывших коллег, согласившихся сотрудничать с российской властью, он узнал, что в кафе выпивали двое артиллеристов в форме и при оружии. За соседним столиком сидели четверо фээсбэшников. И те и другие были пьяны. Силовики в какой-то момент решили повоспитывать военных и сделали тем замечание по поводу распития спиртных напитков в форме. В ответ военнослужащие схватились за оружие.

— В Херсоне весь период оккупации постоянно были конфликты между российскими военными и силовиками. Да и внутри одной службы, но между разными подразделениями. Мы часто по вечерам слышали автоматные очереди, — объяснял Евгений. — Но эта история удивила даже нас. Предполагаю, что вояки в этом кафе обычно ужинали и по русскому обыкновению выпивали стакан-другой крепкого алкоголя. То, что силовики к ним привязались из-за формы и оружия… Ну, не знаю… В условиях военного времени вряд ли кто-то сначала переодевается в гражданку и сдает куда-то оружие, чтобы зайти в кафе.

О бытовой перестрелке в военное время на оккупированной территории с тремя трупами и двумя ранеными в федеральных новостях решили не сообщать. Имена ее участников словно в воду канули. А спустя пару месяцев появились статьи о двух погибших — подполковнике ФСБ Сергее Привалове и сержанте Сергее Обухове.

Чекист Привалов, согласно публикации в камчатской прессе, «погиб при исполнении воинского долга». Его с почестями похоронили на городском кладбище Петропавловска-Камчатского. Несмотря на высокий чин и, судя по надгробной фотографии, многочисленные награды, о его гибели нет упоминаний на сайте местной администрации, хотя есть новости о других участниках «спецоперации». Нет и традиционной информации о посмертном ордене Мужества, которым с начала боевых действий награждают почти всех официально подтвержденных погибших в Украине.

Зато артиллерист Обухов в новостях стал героем. Его похоронили с воинскими почестями в селе Константиновка Симферопольского района в Крыму. Сергея Обухова посмертно удостоили ордена Мужества, а дата 17 июня стала днем его имени в школе села Шилекша. Здесь жил и учился погибший в херсонском кафе военный.

«Старые алкоголики умерли, а новые не выросли»

— Была бы дорога, вообще бы проблем не было, — говорит Светлана Корчагина, директор шилекшинского Дома ремесел. — У нас все говорят: вот придет Дедушка Мороз, подлатает нашу дорогу, пока только он и латает ее.

Местные знают, о чем говорят. В Шилекшу, что в Кинешемском районе Ивановской области, и правда лучше ездить зимой, когда снег и вода замерзают в многочисленных дырах автомобильной дороги и это немного выравнивает ее. Хотя всё равно трясет на ухабах нещадно. Но преодолеть непростой путь стоит. Как только въезжаешь в село, видишь аккуратные заснеженные дома, хорошо вычищенную после трехдневного снегопада дорогу, колючую проволоку колонии-поселения (как же без этих кормилиц сёл и небольших городов!), а над всем этим возвышается памятник архитектуры — частично разрушенное здание старинной церкви Троицы, построенной в 1800 году. По словам Руслана Курочкина, 33-летнего главы сельского поселения, восстанавливать ее уже никто не будет — разрушения слишком серьезные. Но посмотреть всё еще есть на что.

С главой села мы встретились в шилекшинском Доме ремесел. Место удивительное. Здесь жителям удалось сохранить ремесла России средней полосы, сделать трудолюбие своей визитной карточкой, а еще обучать лозоплетению, бондарному и гончарному мастерству немногочисленных сельских детей. Сотрудники Дома ремесел гостям всегда рады, говорят, что вниманием не избалованы, поэтому вокруг нас сразу начинается суета. Сидя за деревянным столом на длинных лавках, мы едим из глиняных горшков вкуснейшее жаркое, которое только что достала из дровяной печи Светлана Корчагина. На столе дымится русский самовар.

— Особых проблем у нас нет, — говорит Светлана. — Живем… Хорошо живем, как все. Особенно те, у кого есть свое хозяйство, работа с зарплатой или пенсия. В деревне есть долгожители. Ездим со своими изделиями на ярмарки. Но в Москву не доезжаем никогда. Один раз нас на ВДНХ приглашали, но не сложилось. Дорого дорога обходится. Ездим по области на «Губернский разгуляй», «Родниковский калач» и другие событийные праздники.

В Шилекше сегодня проживает около 400 человек. По словам хозяйки Дома ремесел, десять лет назад жизнь здесь кипела. Была молодежь, а сейчас ее почти нет. Не хотят жить на селе, словно разучились работать. Едут в Москву, видя финансовую перспективу. Здесь, например, готовы работать за 12 тысяч, а в Москве даже из дома не выйдут за такую сумму — все деньги считать умеют. Если не в Москву, то хотя бы в Иваново. Все стремятся туда, где есть перспектива. И родители если и покупают ребенку квартиру, то стараются уже где-нибудь в городе.

— Может, тенденция еще изменится? — рассуждает Светлана. — Вернутся люди к нам? Пока если и возвращаются, то чаще всего пенсионеры, в родительские дома. Живут здесь как на даче, но иной раз и по шесть месяцев в году. Иногда остаются насовсем. К нам женщина одна переехала из Москвы, купила здесь дом, чтобы быть ближе к дочери, которая отбывала наказание в колонии-поселении. А дочь внезапно перевели в другую колонию, но женщина осталась, так и живет в деревне.

В этом году жителям Шилекши обещали отремонтировать часть дороги, примерно половину между селом и районным центром (общее расстояние — 50 км), но люди и этому рады.

Скорая из Кинешмы доезжает сюда за час-полтора. В Шилек-ше нет своей больницы — давно закрыли. Врач общей практики принимает в соседних Батманах, до которых как раз и обещают сделать дорогу. Не так давно в деревнях сделали фельдшерско-акушерские пункты (ФАП), но работать в них имеют право только фельдшеры. А врач общей практики — уже нет. Люди пишут везде жалобы с просьбой повлиять на ситуацию, чтобы их врач из местных жителей, которая знает все их болячки, осталась работать и ее штатную должность сохранили.

— Но никто нас не хочет услышать, — вздыхает Светла-на. — Сделали хитро: сначала сказали, что здание, где принимает врач общей практики, в аварийном состоянии, но ремонтировать его не будем. Лучше построим избушку — ФАП. Было собрание, люди съехались со всех окружающих деревень, приехало высокое начальство в сопровождении журналистов, и при всех чиновники дали жителям слово, что у них будет врач общей практики. Люди поверили, но в очередной раз нас обманули. ФАП построили, а потом нам заявили, что врача для работы оставить не могут. Как же вы нам в лицо обещания давали? У нас там и зубной врач работал, и врач общей практики, а теперь никого нет. С зубным мы как-то и смирились. А вот без Веры Борисовны мы пропадем, к ней очередь в три этажа сидит. Она нас всех знает и советы толковые всегда дает. Пока она работает, а что дальше будет — не знаем, в город к врачам не попадешь.

В Шилекше много проблем, как и везде, но нет в ней частого признака современной русской деревни: покосившихся заборов и безнадежно серых изб.

— Говорят, умирает деревня, а в первую очередь умирают пьяницы, — говорит на прощание Светлана. — Раньше пьяниц было много, можно было за бутылку мужика привлечь дрова поколоть. А сейчас на всю деревню один-два мужика, которые за бутылку согласятся помочь. И всё, очень мало алкоголиков осталось. Они же до старости глубокой не доживают. Старые алкоголики умерли, а новые не выросли. Может, конечно, они уезжают в город и там спиваются?.. Но у нас в деревне их действительно стало мало.

«Орден Мужества вряд ли бы дали просто так»

Возле Шилекшинской сельской школы — хорошо очищенная от снега дорожка и свежий флагшток, на котором развевается флаг России. Еще один висит над входом в здание. Деревянная школа укутана белым снегом, блестящим на солнце, оттого она кажется сошедшей с открыток про деревенскую зиму. Но справа от входа висит черная траурная табличка. На ней фотография: в залихватски заломленном на затылок берете 28-летний сержант Сергей Обухов, выпускник этой школы.

Дверь школы закрыта на замок — посторонним вход запрещен. На улице по свежей лыжне пытаются кататься на лыжах четверо ребят лет девяти-десяти. Учитель физкультуры наблюдает за их стараниями.

— Мы с Сергеем Обуховым вместе работали в ИК-12 одно время, — говорит сотрудник колонии, по совместительству школьный физрук. — Но я его почти не знал, просто видел на работе.

Пока дети занимаются, мы с фотографом ждем перемены, чтобы не мешать урокам. Оглядываемся вокруг. У школы расположен мемориал памяти жителей Шилекши, погибших во время Второй мировой войны, а также умерших уже после войны. Село вроде небольшое, а фамилий много. Видно, что к сохранению памяти о героях войн здесь относятся ответственно.

Наталья Семёнова, директор школы, удивлена приезду нежданных гостей, но соглашается показать нам уголок памяти погибшего выпускника. В небольшой комнате на стене стенд с фотографиями и основными вехами жизненного пути Сергея Обухова. Ниже — стол, на котором стоит портрет Сергея Обухова. Справа от стола — флаг артиллерийских войск.

— Серёжа погиб в июне, — хорошо поставленным голосом говорит Наталья Александровна. — По моей инициативе в сентябре мы начали собирать информацию о нем. Жена прислала материал, школьная поисковая группа собрала интервью у учителей и одноклассников. Здесь фото его школьного и армейского периода. Я сама сделала схему и макет этого стенда, а нам его потом по заказу напечатали.

10 июня 2022 года Сергей Обухов награжден орденом «За верность долгу». 5 июля — орденом Мужества (посмертно). Открытие стены памяти приурочили ко Дню героев Отечества 9 декабря. В этот же день состоялось торжественное открытие мемориальной доски на здании школы.

По словам Натальи Семёновой, Сергей был хорошим мальчиком, увлекался компьютерами. Учился посредственно, но был душой класса — веселый ребенок. Девочки его очень любили. Всегда со всеми обращался хорошо. Участвовал во многих внеучебных мероприятиях, в классе был лидером. Одноклассников у Сергея немного: до девятого класса вместе с ним в классе учились десять человек, а в старших только пять ребят осталось. Сейчас в Шилекшинской школе нет старших классов, а всего обучаются 40 детей.

— Наши ребята связались с его одноклассниками, они все разъехались из села, поэтому школьники зачитали их воспоминания, — продолжает Наталья Александровна. — На открытие уголка памяти мы пригласили маму, отчима, сводную сестру Сергея, главу администрации сельского поселения, начальник образования тут была. Были и жители села, и бывшие коллеги Сергея из колонии-поселения. Он работал там, когда заочно учился во Владимире в юридическом институте ФСИН. Презентация была организована в холле, актового зала у нас нет. Знакомили детей с биографией Сергея. Это же патриотическое воспитание. Одна из бывших классных руководителей выступить не смогла, плакала.

По поводу того, что пишут в СМИ и соцсетях об обстоятельствах гибели Обухова, директор школы, конечно, слышала. Но «подтверждения информации о смерти в перестрелке в херсонском кафе» она не нашла.

— Мы сделали запрос в военкомат, и нам прислали ответ, что Сергей погиб в Дослидном Херсонской области, — говорит Наталья Александровна. — Прислали хорошие характеристики из воинской части, письмо командира. Если разобраться, орден Мужества вряд ли бы дали просто так. Если в этой истории заинтересованы [замешаны] какие-то высокие лица… Правду тогда я не знаю, как узнать?..

«Юрьевичем тебя еще звать рано»

В кабинете памяти школьники самостоятельно соорудили «парту героя». В «Единой России» пообещали сделать парту, соответствующую единым требованиям по стране, но пока еще не прислали. Один из депутатов обещал и витрины для музея, но их тоже в школе всё еще ждут. А экспонатов здесь и правда много, в одной комнате они не помещаются. В основном они посвящены ветеранам Великой Отечественной войны, особенно ценны оригиналы их писем с фронта. Есть и стенды об афганской войне, они расположены в школьном коридоре. Во всех войнах потрепало шилекшинских мужчин.

— Из поселка мобилизовали троих мужчин, но они уже не юные, — говорит директор школы о последних событиях. — В основном это те, кто раньше служил по контракту. Добровольцев вроде нет. А мобилизованных пока трое, но я думаю, что и не надо больше, чтобы это последние были.

В школе всё сделано в едином стиле, здесь одновременно по-домашнему уютно и современно. У директора два образования: институт культуры и педагогический вуз. Хотя школа деревенская и деревянная, но, как призналась Наталья Александровна, «всё равно хочется, чтобы было красиво». В соседнем от школьного музея кабинете можно увидеть предметы старины, многим из которых более ста лет.

— Стараемся детей увлекать исторической темой, чтобы они знали наших героев, — говорит Наталья Семёнова. — Дети собирают информацию по своим дедам и прадедам, чтобы им [детям] было интересно и одновременно они знакомились с историей своей семьи.

Шилекшинские ребята с утра чистили снег у ветеранов — тружеников тыла периода Второй мировой войны — и у тех, кто живет один, без помощи. По словам директора, волонтерство здесь развито, добровольческий отряд оформлен официально, и выпускникам школы их участие в движении потом засчитывается при поступлении в вузы. В школе стараются приучать учеников к труду, дети сами убирают за собой в классе, моют доску. Еще у школы есть гектар земли, там они выращивают овощи, из которых потом готовят еду в своей же школьной столовой. Так что если дорогу к деревне заметет, тут всё равно не пропадут.

— Тяжело детей к труду приучать, — признаётся Наталья Александровна. — Некоторые родители говорят: «Я лучше ведро моркови куплю и принесу, чем мой пойдет работать». Приходится объяснять, что это важно, труд еще никого не испортил. Когда деревенские дети не понимают, как даже лук воткнуть в землю, это неприятно удивляет.

На прощание директор школы грустно говорит:

— Сережа всё повторял: «Зовите меня Юрьевич». Я ему отвечала: «Юрьевичем тебя еще звать рано. Когда вырастешь, встретимся и назову тебя так». Так и получилось. Уже будучи взрослым, он со мной встретился, и я его назвала «Сергей Юрьевич». Серёжа заулыбался. Жалко, конечно, мальчишку. Хороший был. И жена молодая вдовой осталась, и шестилетний сын без отца.

«Что будет, если все поднимут руки…»

Александр Кругляков — отчим Сергея Обухова, растивший парня с 11 лет. Александр — бывший сотрудник ФСИН, сегодня на пенсии, но сидеть без дела не может. Теперь он работает бондарем в шилекшинском Доме ремесел. Мастерит деревянные изделия и обучает детей бондарному искусству.

— Мы нашли общий язык быстро, — говорит Александр о Сергее. — Мальчишка был любознательный, любил животных. Конечно, он помогал по дому, это обычная история для сельской местности, здесь лениться не получится.

Александр с улыбкой вспоминает, как иногда они вдвоем с сыном ходили в поход, пока младшая дочь Наташа была еще совсем крохой. Когда дочка немного подросла, стали выезжать на природу всей семьей. На несколько дней ездили с палаткой на берег реки. Отдыхали, ловили рыбу, готовили на костре.

По словам Александра, и в подростковом возрасте с Сергеем проблем особых не было. Они с женой как люди, выросшие в Советском союзе, планировали жизнь ребенка по общепринятому сценарию: отучился в школе, должен куда-то поступить и получить профессию, потом устроиться на работу.

В 2013 году Сергея призвали в армию. Родители организовали дома вечеринку. Не такую многочисленную, как раньше в деревнях было, но собралось человек 10–12 родственников и близких знакомых. Отпускали парня с легким сердцем. В конце службы Сергей подписал контракт и остался служить в Подмосковье.

— Когда в 2014 году произошло присоединение Крыма к России, набирали молодых военнослужащих, желающих служить на полуострове, и сын одним из первых бортов улетел, — вспоминает Александр. — Он просто позвонил нам уже с аэродрома и поставил перед фактом. Я думаю, он хотел быть более самостоятельным, хотя к тому времени он уже и так осмысленно всё делал. Он и звонил нам уже перед посадкой в самолет, потому что знал, что мы начнем шебуршиться, — чтобы у нас не было шанса уговорить его вернуться ближе к дому. Каждый родитель хочет, чтобы у его ребенка всё было хорошо. Понятно, что и у нас в голове есть какие-то шаблоны, никто на волю случая не хочет отпускать. Но не надо всё решать за них, потому что, если что-то пойдет не так, до конца жизни будешь себя винить.

В Крыму Сергей женился на местной девушке. Жили они в частном секторе на окраине Симферополя. По словам Александра, сыну нравился Крым, он хотел там жить. У него было много планов. И дом хотел построить, и детей минимум двух. Планировал баню поставить деревянную, хотя в южном краю бани обычно не строят. А ему хотелось как дома, чтобы можно было с вениками париться. Считали, сколько понадобится бревен, во сколько обойдется доставка. Сергей говорил, что на расходы не поскупится, будет ставить. Александр не знает, сколько Сергей зарабатывал, но точно не меньше 40 тысяч в месяц. В деревне тоже можно так зарабатывать — если работать в колонии. Но сыну нравилось в армии, это было его дело.

— О том, что он стал участником спецоперации, узнали в конце февраля, и это было очень волнительно, — признается Александр. — Но это его долг. Я сам уже на пенсии после 20 лет службы во ФСИНе. И я понимаю, что это такое. Что будет, если все поднимут руки и скажут, что нет, мол, я в стороне побуду?.. Особенно те, кто в погонах, и их работа напрямую связана с выполнением долга.

За жизнь сына опасались, но плохих новостей с той территории не приходило. Да и если бы были, всё равно Сергей не рассказывал бы. Периодически звонил, в среднем раз в неделю-две. Чаще передавал новости через супругу, она звонила родителям. Говорил, что жив-здоров, всё в порядке. Большего и не рассказывал.

«Не просто же нам земли нужны эти украинские…»

О том, что сержант Обухов погиб, узнали 18 июня 2022 года. Сначала родители не поверили, пока им не позвонили из воинской части, где служил сын. Сразу собрались и поехали в Ростов-на-Дону на машине, там должно было быть опознание. Но командир части опознание произвел до их приезда. Министерство обороны помогло с оплатой похорон.

— Но не могут же они за всё платить, — говорит Александр. — Например, если вы хотите установить памятник. Сами понимаете, сколько карельский гранит или что-то подобное стоит. Это всё, мягко говоря, недешево. Не может же Минобороны оплачивать, например, памятник за 300 тысяч, есть же какие-то рамки, — переживает он о государственной казне.

«Сергей Обухов погиб в селе Дослидное, что в 30 километрах от Херсона», — говорится на официальном сайте администрации Кинешмы. Кроме того, имя Сергея внесено в Книгу Памяти Ивановской области: «Во время боевых действий проявил мужество и отвагу. Ценой собственной жизни спас товарищей, которые благодаря его подвигу смогли выйти из окружения».

В материалах, которые прислали в Шилекшинскую школу из воинской части в Крыму, где служил Сергей, написано, что контрактник Обухов принимал участие в «спецоперации» с 24 февраля 2022 года. Его командир, майор Кротюк, в частности, написал: «…сержант при моем ранении совместно с лейтенантом Алексашиным оказывал мне медицинскую помощь, а также лично проводил эвакуацию с места моего ранения. В ходе выполнения СВО сержант Обухов выполнял задачи, связанные с риском для жизни… уточнял передний край противника, при этом проявил героизм».

Об обстоятельствах его гибели нигде внятно не написано. Не смог рассказать о них и отчим погибшего. Он лишь путано пересказал вышеупомянутое письмо, дополнив только тем, что супруга раненого бойца, которого Сергей сумел спасти, приходила и благодарила жену сына.

В глазах Александра — печаль. Говоря о Сергее, он иногда улыбается, но получается грустно. Рассказывая о жизни сына с детства до последних дней, он ни разу не называет его по имени.

— Есть понимание, для чего всё это? — рассуждает мой собеседник. — До этого мы же тоже знали какими-то урывками через СМИ, что Донбасс бомбят, стреляют по людям. А тут уже напрямую коснулось всех. Как коснулось? Наши начали спецоперацию по какой-то важной причине, понятно, что не просто же нам земли нужны эти украинские…

Прошло уже восемь месяцев с момента гибели сына. Мать с отчимом словно живут прошлым.

— Вот есть у нас дома его фотография, иногда я с ним разговариваю, по утрам здороваюсь, — признаётся Александр. — Он стал мне настоящим сыном, очень больно всё это. Больно смотреть на супругу… И с этим всё равно надо жить как-то.

II.

10 апреля 2023 года
Четыреста одиннадцатый день войны
Регион: Челябинская область

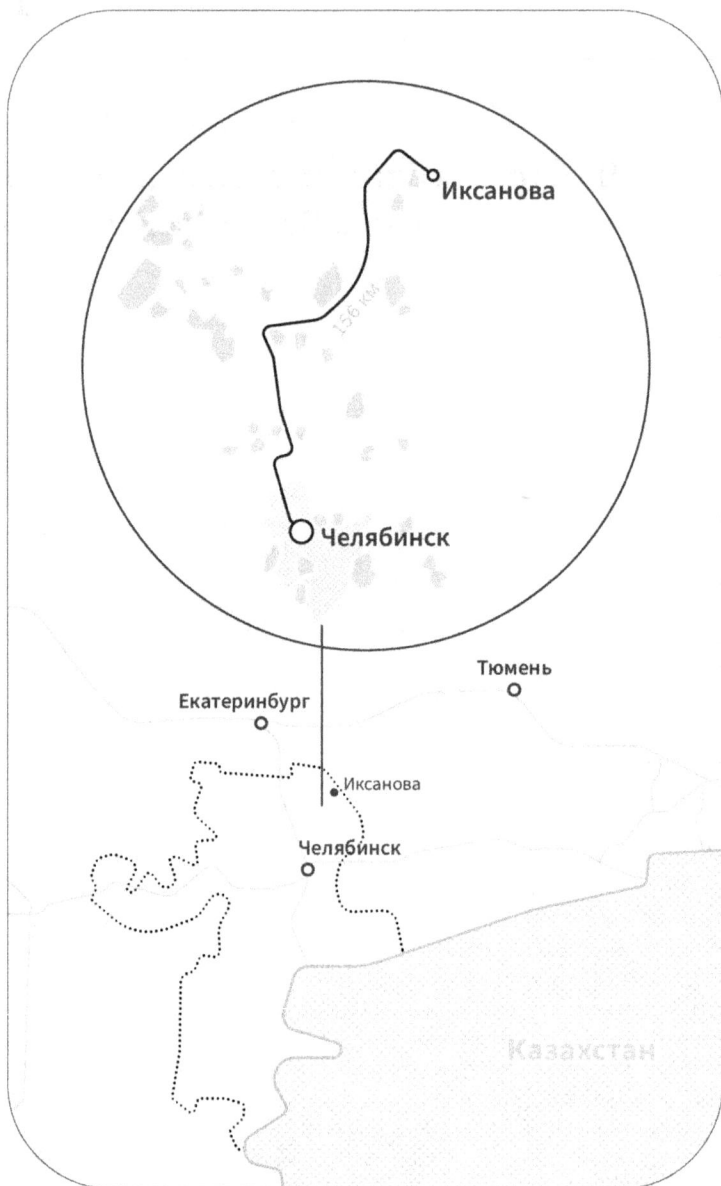

Иксанова

156 км

Челябинск

Тюмень

Екатеринбург

Иксанова

Челябинск

Казахстан

Было у матери два сына

Один уже погиб, другой еще воюет.
История семьи Латыповых из Челябинской области

Вера Куликова

У пенсионерки Нурзии Латыповой из деревни Иксанова в Кунашакском районе Челябинской области еще
недавно было два сына. Младший сын впечатлился
разговором со случайным соседом на рыбалке, ушел
«защищать Родину» в Украину и почти сразу погиб.
О его гибели мама не знала. В эти же дни старшему
сыну пришла повестка, и его «частично мобилизовали». С января 2023-го, когда похоронила младшего,
мама безуспешно пытается вернуть домой старшего,
который еще жив.

Среди павших

В сельском поселении Усть-Багаряк главная местная досто-
примечательность — средняя общеобразовательная школа,
которая в прошлом году отметила столетие. Свежевыкрашен-
ное здание, внутри просторное и чистое. Сегодня здесь учатся
140 детей. В самом селе живет всего 1 300 человек, поэтому на
учебу съезжаются со всех окружающих деревень и поселков.

Вместе с директором и главой сельского поселения мы идем
по школе, где учились дети Нурзии. На каждом этаже висят
фото ветеранов и героев разных войн: Второй мировой, афганской, первой и второй чеченской… Для «героев СВО» выде-
лено место в отдельном помещении — недавно открывшемся
школьном музее. Здесь же экспозиция блокадного Ленинграда. Много свечей, к которым прикреплены небольшие клочки
бумаги, на них написано «900». На небольшом возвышении —

школьная парта советских времен с откидывающейся частью столешницы.

— Искали через интернет парту нам для музея, а она больше 20 тысяч стоит, — говорит Фидалия Каримова, директор школы. — В итоге нашли у нас в сарае, починили, покрасили. Детям она нравится, любят посидеть за ней, как их предки сидели в прошлом столетии.

В шкафу за стеклом — спортивные награды, но основной мотив музейных экспонатов — это советское прошлое. Много Ленина, пионерии и Великой Отечественной войны.

— У вас, вижу, история страны в основном советским периодом представлена, — замечаю я. — А где можно увидеть достижения современной России?

Директор подводит нас к столу, над которым на стене висят две фотографии.

— Вот они, наши мальчики, — позвякивая связкой ключей, вздыхает Фидалия Каримова. — Здесь два портрета, но выпускников, погибших на спецоперации, уже трое. Только сообщили о третьем, портрет еще не успели сделать!

Все погибшие на войне выпускники школы были добровольцами. 28-летний Ришат Латыпов, сын Нурзии, и 27-летний Алексей Канабин служили в ЧВК «Вагнер». 41-летний Анфис Кашапов ушел добровольцем в армию 23 июня прошлого года и погиб 2 июля, не пробыв в зоне «СВО» и десяти дней.

Нурзия Латыпова вспоминает, что на одном из последних собраний в администрации райцентра говорили, что в Афганистан из Кунашакского района забрали 65 человек, из них погибли четверо. В Украине же за год погибли более 30 земляков.

— Когда сын уходил, все родственники говорили: если у него на роду написано в таком возрасте умереть, он и в мирное время умрет, — вспоминает Нурзия. — Вот мой отец в плену мог в любой момент умереть, но он прожил долгую жизнь, уже дома: предначертано было.

— А как же «береженого Бог бережет»?

— Не знаю… Или мы себя так утешаем, что это судьба. Мы хотели пообщаться со знакомым Ришата — парнем из Муслюмово, он приехал в отпуск [из Украины], созвонились, но встретиться не успели. Перед отъездом обратно он попал под машину и погиб. Там он выжил, а здесь, в мирной обстановке, — нет. Так и не знаешь, где тебя смерть догонит.

Разговор о мистическом взбодрил всех, и каждый участник нашей импровизированной экскурсии тут же рассказал свою историю о неотвратимости смерти и отваге воинов. Вспомнили и местную женщину из одной деревни, которая «выкупила своего сына от армии». На следующий день он разбился на мотоцикле. «Она на себе волосы рвала: если бы отпустила на войну, мог бы выжить», — наперебой рассказывали мои собеседницы. В одном женщины сошлись точно: если предначертано, от смерти никак не убежать.

«Правильно воспитанные дети»

В Усть-Багаряке живут в основном пенсионеры. По словам главы сельского поселения, здесь проживает 500 мужчин призывного возраста, из них уже 31 мобилизовали — «из других районов не столько ушло, от нас много взяли».

— Обычные скромные деревенские ребята, — вздыхает директор о погибших выпускниках. — Никогда не подумаешь о них, что они могут совершить подвиг или стрелять в кого-то. А вот война призвала, и они взяли оружие в руки. Ну как призвала. Война началась, и они сами поняли, что нужны стране. Это наши правильно воспитанные дети.

На втором этаже в длинном коридоре на стенах — портреты-портреты-портреты… На детей со всех сторон смотрят в основном давно умершие люди — участники Великой Отечественной войны. Здесь же висят фотографии и воевавших деда и прадеда Ришата Латыпова. Теперь и его портрет занял свою нишу в общем ряду памяти.

— Мой папа в плену был, его увезли в Германию, — вспоминает Нурзия Латыпова, мама Ришата. — Про войну не любил говорить. Говорил, что всё время чувствовал голод и холод, пленные спали на улице. Какая-то женщина из местных их подкармливала.

— У вас так много ветеранов разных войн, — замечаю я, глядя на портреты «афганцев». — Прям какой-то воинственный край. Или вы очень тщательно память о каждом воине сохраняете?

— Память об их героическом поступке важно сохранить, — отвечает директор. — Они же не зря воевали.

— В Афганистане?

— Ну а что? Родина сказала — они ушли [на войну].

Возле портретов недавно погибших установлен флаг «Юнармии». Три школьных класса входят в эту организацию, и их число растёт. По словам директора, в школе всё основано на патриотическом воспитании, и каждый понедельник здесь добросовестно проводят «Разговоры о важном».

— Коллектив у нас устоявшийся, а учителя советской закалки, — отмечает Фидалия Каримова. — Мы все прекрасно понимаем, что происходит, люди взрослые, хорошо знающие историю и много видевшие в жизни.

Желанные гости в школе — «герои СВО». Выпускники, воюющие сегодня на территории Украины, приезжая в отпуск, приходят в родную школу и рассказывают школьникам о «спецоперации» и героизме российских воинов.

— А как дети реагируют? Не мечтают поскорее вырасти и пойти на войну после ваших уроков? — интересуюсь я.

— Конечно, мы не призываем [в открытую] их идти на войну, — отвечает директор. — Нет. Мы в другом плане немного воспитываем, чтобы каждый сам дошел до этого.

— А у вас есть сыновья?

— Нет. Дочери. Зятья ждут повестки.

«Кто нас хочет завоевать? Америка!»

Вся деревня Иксанова — это одна улица и кладбище на окраине. Осталось 25 домов, в которых еще живут люди. Раньше здесь был детский сад и младшая школа. В детские годы Нурзии отсюда в среднюю школу пешком ходили или ездили на грузовике в соседнюю деревню. Она вспоминает, что кузов был наполовину накрыт брезентом. Кто первый влез, тот под навесом, остальные — под открытым небом, независимо от погоды, тарахтели по деревенским дорогам шесть километров. Сегодня и полные детей дома, и веселая молодежь давно в прошлом: живут здесь в основном пенсионеры. Местной «молодежи» уже за пятьдесят, а детей на всю деревню трое. Они ездят в школу в Усть-Багаряк на школьном автобусе, который по утрам собирает учеников по всей округе.

Дом Латыповых, в котором Нурзия прожила счастливую жизнь с мужем и сыновьями, всё еще дышит теплом большой семьи. Во дворе, в снежных сугробах, прикрытые ковриками две машины. Одна — умершего три года назад мужа, вторая — старшего сына Рустама, мобилизованного осенью прошлого года. Приехавшие в гости племянницы суетятся на кухне, и вокруг всё оживает, наполняется ароматами вкусной еды и девичьими разговорами. В центре большой комнаты — телевизор, его экран закрывает портрет погибшего сына Ришата. Рядом с ним ваза с высохшим букетом цветов — давний подарок от местной администрации, всё руки не доходят выбросить.

— Мулла нам объясняет: кто погибает на войне, защищая Родину, тот сразу отправляется в рай, — говорит Нурзия. — Некоторые вокруг меня возмущаются: вот ради чего он погиб? Ради какой-то Украины? Да зачем надо было туда наших парней отправлять?.. Мол, ни за что погибли. А я так скажу: как ни за что? Как простой деревенский человек считаю, что Украина — это ворота в нашу страну. Вот наши воины своими жизнями эти ворота удерживают, чтобы силы зла не могли их открыть и завоевать нас. Кто нас хочет завоевать? Так вот — Америка!

Нурзия вспоминает недавнее районное мероприятие. Некоторые женщины, похоронившие своих погибших в Украине мужей и сыновей, возмущались, что незачем было их мужиков в соседнюю страну отправлять. Она с гордостью рассказывает, что тоже выступила: ее сын сам принял решение идти воевать, и если каждый мужик будет на жену и детей кивать, то кто тогда будет нас защищать? Да, есть военнообязанные, но их ведь не так много.

Ришат Латыпов, с первого дня поддержавший «СВО» и ездивший в автомобиле с буквой Z, принял решение поехать в Украину не сразу, а после разговоров с другими мужиками. Сначала он пообщался со своим знакомым из ЧВК «Вагнер», который приехал в отпуск из Украины. Тот говорил, мол, я же вернулся, всё нормально там. Потом Ришат на рыбалке еще каких-то парней встретил, те сказали: вы тут отсиживаетесь, а там ребята без отдыха воюют, месяцами в окопах живут, помыться не могут. Нурзия считает, что этот разговор стал для него решающим. В сентябре 2022-го он неожиданно для всех записался добровольцем в ЧВК «Вагнер».

— Вот у соседки сын хотел тоже в Украину, но они его смогли отговорить, — тихо говорит Нурзия. — Могла ли я отговорить Ришата? С моим сыном это не сработало бы. Его жена сказала, что беременна вторым ребенком, а он ответил, что тогда тем более вернется домой. Вопрос о том, чтобы вовсе не идти, перед ним не стоял. Я-то думала, что он из-за денег. Спрашивала: «Зачем тебе ехать? У тебя семья, машина, дом, работа — всё есть». Но он сказал, что «парням надо помочь», он не может «дома отсиживаться, когда они там за всех нас воюют». Он ушел с благими намерениями, с хорошей целью.

Уезжал Ришат в зону боевых действий тихо. Сказал, что никого не хочет звать на проводы. Провожали его только близкие родственники. Сфотографировались на прощание, и всё.

Двоюродная сестра Айгуль рассказывает, что два дня к нему ездила, обнимала, плакала, чтобы он не уезжал, но он был настолько спокоен и уверен в своей удаче, что и она успокоилась.

— У нас одна женщина провожала сына в армию и всё время плакала, — рассуждает Нурзия. — Говорят, нельзя так. Вот он стоит живой-здоровый, что плакать? Он идет в армию, как все. Вернется, как все. Правда, он в Чечню попал, но вернулся. А после Чечни столько в семье с ним горя стало, что мать потом всё время ревела. И я слышала, что она накликала свои будущие слезы. Я поэтому не ревела, когда в армию провожала, а потом — на спецоперацию. Я даже без свидетелей не ревела, потому что Бог всё видит.

«Просили не афишировать, что погиб на СВО»

Ришат Латыпов первое время был в учебке. Тогда с ним еще была связь. По словам Нурзии, они со старшим сыном даже не предполагали, что «вагнеровцев» в первую очередь в бой кидают. Она вспоминает, что один из ее родственников уже воюет в Украине, и Ришат хотел вместе с ним воевать, но не дозвонился, поэтому устроился в «Вагнер». Потом ему предлагали в учебке инструктором остаться, но парень не согласился «в тылу отсиживаться».

— Был еще вариант: его хотели взять в какой-то элитный отряд, но не подошел по внешности, он башкир, а там надо было на украинцев быть похожим, — говорит Нурзия.

В справке о смерти указана причина: «обугливание и разрушение частей тела в результате взрыва термобарического снаряда». Место гибели — ДНР. По словам представителя ЧВК «Вагнер», общавшегося с Нурзией, 22 октября 2022 года в место дислокации группы, где был Ришат, попал снаряд, почти все парни погибли в огне. Но забрать тела долго не удавалось. Когда вытащили, то для отправки погибшего домой нужно было сделать справку о смерти, а очередь на выдачу таких справок большая, поэтому он еще месяц пролежал в холодильнике. Похоронить его удалось лишь 28 января 2023 года. Всё это время родные надеялись, что Ришат жив, просто у него нет возможности позвонить.

— Когда нам привезли цинковый гроб, сказали не афишировать, что наш сын погиб на спецоперации, — вспоминает Нурзия. — А почему? Человек погиб за цели государства. Почему мы должны скрывать его смерть? Или нам что-то угрожает? Я не понимаю.

Родные просили справку об анализе ДНК, но им ответили, что ее никому не выдают, мол, вы можете открыть гроб и посмотреть.

— Но я так поняла, что тело сына долго в поле лежало, стало неузнаваемым, — продолжает Нурзия. — Что мы можем увидеть через четыре месяца после смерти в огне? Кости его узнаем? Мы хотели сами ДНК сделать, но нам сказали, что целый месяц ждать. Получается, под честное слово похоронили.

Представитель ЧВК «Вагнер» передал семье Ришата похоронные 100 тысяч рублей и 5 млн за гибель. В мирной жизни у погибшего была зарплата 35–40 тысяч. За два месяца, что он числился в ЧВК, его жена получила 300 тысяч, хотя обещали больше. Больше деньги не приходили, но и сведений, что он погиб, тоже не было. Как объяснили родным Ришата, с конца октября он больше не числился [в ведомостях]: зарплату не начисляют тем, кто пропал без вести. Пока тело Ришата не забрали, он был, скажем так, вне зарплатных ведомостей.

Представитель «Вагнера» сказал, что Ришата наградили орденом Мужества, медалью «За отвагу» и черным крестом «За службу на Украине» и получать нужно у них, медали «привезут, но на оформление тоже очередь». Родные просили вернуть из Краснодара сумку погибшего, особенно телефон — вдруг в нем какие-то фото сохранились или записи на национальном языке для семьи остались, но представитель ЧВК «Вагнер» ответил, что пока это сложно, слишком большой поток погибших, работы много.

— Я никогда не думала, что мой сын вот так погибнет, — тихо говорит Нурзия. — Он был спортивным, сильным, выносливым и смелым. В последнем телефонном разговоре хвастал, что перепробовал все виды оружия, стал как Рэмбо. Но вот издалека снаряд прилетел, и его физические качества никак не помогли ему выжить.

«Родишь, а его заберут и убьют»

Март выдался солнечным, но холодным. Повезло, что снег еще не растаял, иначе к могиле Ришата было бы не пройти. Открыв висячий замок на воротах, проходим на территорию погоста. По хрусткому насту — быстрым шагом в сторону самой яркой могилы: погибших в «СВО» добротно обкладывают погребальными венками. Один венок словно свадебный наряд — от жены, с которой Ришат так и не успел оформить отношения. К столбу скотчем примотаны солнцезащитные очки — их оставила двоюродная сестра Марина: «Он их у меня всё время просил, а я не давала». Приезжал недавно в отпуск из Украины его товарищ, постоял у могилы, оставил пулю и сигарету.

— Я на кладбище никогда не плачу: наверное, сынок меня успокаивает, — едва слышно говорит Нурзия. — Или не верится: ты живая стоишь, а твой ребенок — уже в земле.

Ришат лежит рядом с отцом, умершим три года назад. Оправившись от горя, младший сын задал неприятный, но важный вопрос: «Мама, папа умер так неожиданно, что мы ни о чем его даже спросить не успели. Я не хочу предполагать плохого, но если вдруг что-то случится с тобой, где тебя хоронить: возле твоей родни или папиной?» Нурзия ответила, что рядом с мужем, чтобы сыновьям было удобнее навещать родительские могилы.

— А теперь мой сын лежит рядом с моим мужем, а я прихожу к ним на могилы, — почти шепчет она.

Ришат очень любил свою старшую дочь Дарину, ей сейчас семь лет. Он везде ее с собой водил, на рыбалку и в деревню вместе ездили. Они с женой специально так рабочие графики подстроили: по двое суток работать и отдыхать по очереди, чтобы с дочерью всегда рядом был кто-то из родителей. В середине апреля в их семье родится вторая дочь.

— Смотрю на ее совместные фото с папой и думаю: каким счастливым ребенком она была, — продолжает Нурзия.

Всё это время взрослые были уверены, что Дарина не понимает, что отец уже не вернется. У девочки есть кукла, очень похожая на ребенка. Как-то внучка попросила бабушку надеть на куклу штанишки, а та никак не попадала ножкой в штанину.

— Ох, кажется, я разучилась с малышами управляться. Может, мне стоит родить ребеночка? Вспомнить, как с ним управляться, — сказала бабушка.

— Ага, ты родишь, вырастишь, а его потом на войну заберут и убьют, — ответила семилетняя внучка.

Старшая внучка Карина, дочь Рустама, и вовсе сказала: «Когда мама была беременна, умер дедушка. Сейчас тетя Вика беременна, умер дядя Ришат. Хватит вам уже рожать».

— Как же жить дальше? — спрашивает сама себя Нурзия. — Придет Новый год — Ришата не будет. Лето — и снова без него. Говорят, время лечит, но не знаю… Смотрю на его фотографию и думаю: «Сынок, ты никогда не будешь старым». Он жил полной жизнью, учился, улучшал себя в профессии, он точно не думал умирать. Ришат уезжал, я попросила магнит привезти. Просто чтобы у него была какая-то просьба и он стремился вернуться. Тесть с друзьями его провожали, на литровой бутылке водки написали пожелания и оставили на его возвращение. А я сто пельменей слепила, так и лежат в морозилке. И елку долго не убирала, мы же Ришата в отпуск ждали после Нового года. Вот только убрала ее, в марте.

Письма сыну

— Как понять, что Бог услышал твою молитву? — размышляет осиротевшая мама. — Я вот о сыновьях всё время молюсь. Ехали как-то в машине с невесткой и внучками, и вдруг прямо перед нами появилась большая радуга. Я подумала, что Бог меня услышал и с моими детьми всё будет в порядке: Он дал мне знак. Хоть Ришат и не отвечал, но я ему всё время писала, поддерживала эту связь, чтобы он чувствовал мою любовь. Когда провожали на поезд, я его тайно снимала на видео. Почему тайно? Чтобы не подумал, что я боюсь его больше не увидеть. Он меня всегда называл «мама-репортер».

18 октября. Здравствуй, дорогой сыночек. Ждем от тебя звонка, волнуемся. Заставляю себя думать, что с тобой всё хорошо. Ты у меня молодец. Только береги себя. Рустика тоже забрали. Через месяц после тебя. Без вас тоскливо. Скорее бы всё закончилось и вы вернулись домой. Обнимаю, целую. Бесконечно любящая вас мама.

20 октября. Привет, сынуля! Как ты? Поди устал уже. Мне тебя так жалко, прямо сердце разрывается. А у нас плохие новости: умерла тетя Гульнур.

30 октября. Привет, Ришат! Собрала всех детей, чтобы хоть немного развеяться. Поиграли в города. Кстати, сегодня день автомобилиста. Поздравляю! Обнимаю, целую, жду.

4 ноября. Жаль, что ты не ответишь на мой вопрос: как ты там, сыночек? У тебя нет возможности позвонить? Очень надеюсь, что с тобой всё хорошо. Молюсь за тебя день и ночь.

15 ноября. Здравствуй, сынок! Мокрый снег украсил природу. Вернулся знакомый, что уходил в Украину через «контору», ничего не рассказывает. Думали, может, знает тебя. Каждый день ждем звонка, и я молюсь за вас. Дай бог тебе терпения, сил и здоровья, чтобы всё выдержать. Люблю, обнимаю, жду.

22 ноября. …Уже месяц прошел. Сегодня день сыновей, и я тебя поздравляю. Живи долго и счастливо, трудности когда-нибудь закончатся. Я так хочу, чтобы у тебя родился сын, маленький Ришатик. Я его буду любить так же сильно, как тебя.

1 декабря. Сынуля, соскучилась по тебе. Жду с нетерпением. Обнимаю, твоя мама.

7 декабря. Здравствуй, сынуля! Я на больничном (к сообщению прикреплено аудио с дыханием заболевшей мамы). Но не это важно. Важно, что ты скоро вернешься. Это моя долгожданная и единственная пока радость. Рустик только весной приедет в отпуск. Дай Бог, всё будет хорошо. Жду-жду-жду. Обнимаю, целую. Мама.

28 декабря. Скоро ты вернешься, этот день обязательно настанет. Всё так же жду, люблю. До скорой встречи!

7 января. Сегодня твой день рождения. Поздравляю тебя и желаю только одного: сохранить свою жизнь на этой страшной войне. Вернись живым и здоровым. Радости в семейной жизни, счастья и благополучия. Очень люблю тебя, обнимаю. Мама.

16 января. Вчера Рива уехала к Рустику в Белгород, чтобы пожениться. Им дали три дня. Ты скоро приедешь, и тоже пойдете в ЗАГС. Мы тебя ждем, молимся всем богам. До скорой встречи, сынуля! Обнимаю, целую.

— В заводском цехе, где я работаю крановщицей, есть пространство, в котором всегда пусто, — вспоминает Нурзия. — Я там проходила после смены и вдруг не выдержала, закричала: «Ришат, возвращайся, мы тебя ждем». Это было 23 января. Я думала, вдруг он сейчас где-то лежит без памяти, ему плохо, и он услышит мои слова и нас вспомнит. А на следующий день позвонила рыдающая невестка. Слов было не разобрать, но я поняла, что что-то случилось с сыном.

3 февраля. Сегодня семь дней, как мы тебя похоронили. Я не могу в это поверить, потому что ты обещал вернуться. Я буду ждать, надеяться и верить, что ты каким-то чудом уцелел и когда-нибудь вернешься. Сыночек, ты такой красивый. И я тебя люблю больше жизни. Я с тобой разговаривала, писала смски, не плакала, чтобы не навлечь беду. Ты должен был это почувствовать. Я тебе и дальше буду писать. Люблю, обнимаю, целую. Твоя бесконечно любящая мама.

7 февраля. Ришатик, сыночек, как я тебя люблю, не верю, что тебя нет. Но почему-то не говорю тебе здравствуй. Что бы это значило? Дай мне знать о себе. Или приди ко мне во сне.

10 февраля. Ришат, мне кажется, я еще не осознала, что тебя нет. Я так хочу, чтобы ты неожиданно вернулся. Как было бы здорово, сыночек. Ну, хоть приснись мне сегодня.

15 февраля. Ришат, прости меня. Прости, что я отпустила тебя на войну.

«Мама, я никогда не думал, что ты меня собственноручно повезешь на войну»

У Нурзии было два сына. Сейчас у нее остался только старший — Рустам. У него есть жена Рива и двое детей, 11 и 3 лет. В конце сентября ему сообщили, что он вошел в список мобилизованных. Но повестка ему не пришла. Рустам сам позвонил в военкомат спросить, почему ему ничего не прислали, если внесли в список на частичную мобилизацию. Он хотел точно знать, собираться ему или нет. В общем, сам напросился, говорит Нурзия.

Провожали мобилизованных всем селом. В местном доме культуры с прошлого торжества на сцене остались большие цветные буквы «С праздником!». На фоне этих букв Рустам прощался с односельчанами:

«Спасибо, что поддержали нас в этот тяжелый момент. Всё понимаете, завтра едем на юга как бы "отдыхать", — в зале взрывной хохот. — Каждому из нас приятно, что вы приехали нас поддержать. Благодаря вам мы уезжаем с большей силой и уверенностью. Будем бить врага, а вы не переживайте и не волнуйтесь — мы как уедем, так и приедем».

«Главное, чтобы приехали», — закричал женский голос в зале. Все аплодируют.

Сегодня Рустам находится в Украине. После того как стало известно о гибели его младшего брата, мама написала письмо президенту России: «Владимир Владимирович! …Как мать я прошу вас освободить моего теперь единственного сына от выполнения воинских обязанностей в зоне действия СВО и вернуть его в семью. Он теперь моя единственная опора и надежда, поддержка не только своей семьи, но и моей, и семьи младшего брата. Прошу вас, помогите мне!» Письмо разослали нескольким адресатам. В военкомате сказали, что собирают документы на возврат мобилизованного бойца из армии. В части Рустама ждали документы из военкомата, а они всё не приходили. В военкомате говорили, что документы отправлены по электронной почте, да почему-то не получены…

В начале марта на крик души матери пришла сухая отписка из Министерства обороны РФ. Сославшись на Указ президента № 647 «Об объявленной частичной мобилизации в Российской Федерации», чиновники ответили, что «контракты о прохождении военной службы, заключенные военнослужащими, продолжают свое действие до окончания периода мобилизации». И никакой конкретики по ситуации Латыповых. Если продраться сквозь чиновничий язык, то станет понятно, что матери в возвращении сына домой отказали. Сразу вспоминается Песков, пресс-секретарь президента, в ноябре 2022 года заявивший, что «частичная мобилизация завершена» и отдельных указов для этого не нужно.

— Говорят, это одно из первых писем, где отказали сразу, — говорит Рива, жена Рустама. — Хотя перед этим вернули двоих парней из Снежинска. В военкомате нам говорили, что Рустам попал в протокол на возврат и документы даже передали в воинскую часть. А потом пришло письмо с отказом.

Как объяснил юрист, попросивший не называть его имя, в условиях «специальной военной операции» к семьям погибших должны применяться нормы ФЗ «О воинской обязанности и военной службе». Можно было бы сослаться на ст. 23, которая дает право на демобилизацию членам семей военнослужащих, погибших при исполнении воинских обязанностей. Рустама Латыпова должны немедленно демобилизовать, так как объявленная частичная мобилизация — это тоже призыв на военную службу, а не приглашение к пикнику на природе. Однако пробелы в законе, связанные с правовым статусом «СВО», не позволяют таким семьям защитить своих родных одной ссылкой на правовую норму. Остается только идти в суд...

— Когда я училась на права, старший всё время боялся за меня, а младший, наоборот, подбадривал: «Давай, мама, газуй! В пол педаль — не бойся, я же с тобой рядом», — вспоминает Нурзия. — Я с пятого раза экзамен сдала. Ришат звонит: «Ну что, мама, сдала?» Я хотела сделать трагический голос, но не смогла — рассмеялась. Он обрадовался, говорит, утром проснулся с мыслью, что сегодня мама сдаст экзамен. А старший думал, что я никогда не сдам. Когда мы Рустама провожали, я его на машине отвезла к точке сбора. Он мне сказал: «Мама, я никогда не думал, что ты меня собственноручно повезешь на войну»...

12.

26 сентября 2023 года
Пятьсот восьмидесятый день войны
Регион: Московская область

Владимир

Москва
⊛

Москва

Московская
область

Курск

Белгород

Россошь

Харьков

Украина

Черная пешка

История добровольца-«вагнеровца», который отправился воевать с одним противником, а потом обнаружил, что на самом деле враг сидит в Москве, — и пошел свергать его

Татьяна Сметанина

— Если служащего ЧВК увидят пьяным, то в качестве первого предупреждения отрубают палец. Любой! — угадывает вопрос о пальцах боец ЧВК «Вагнер» Фёдор Огарков (имя бойца известно редакции, но изменено по его просьбе).

Как и многие «вагнеровцы», с июля он находился в отпуске. Контракт его истек, но говорит, что, если вызовут в ЧВК, он готов ехать. Возможность заключить контракт с Минобороны он не рассматривает.

— Потому что там сидит Шойгу, а я не самоубийца, мне хочется пожить, — объясняет Фёдор.

Он ничего не имел против Минобороны, когда в начале года через «Госуслуги» подал заявление на службу по контракту. 34-летний предприниматель и отец двоих детей Фёдор Огарков давно подумывал пойти на «спецоперацию». Собственно, из-за детей, по его словам, он и пошел.

— Смотрел репортажи с Украины, а там такие призывы — резать русских детей, вот и решил, — объясняет он.

Конкретный случай такой резни он вспомнить не смог, сказав, что подобных репортажей было очень много и по телевизору, и в интернете, в том числе в телеграме.

Ожидая, когда его пригласят в военкомат, он во дворе разговорился с приехавшим в отпуск «вагнеровцем». Тот рассказал, что лучше идти в ЧВК, потому что в Минобороны нет никакой дисциплины. Фёдор послушался совета и пошел в «Вагнер», где, по его словам, строго соблюдали табу на алкоголь и наркотики, а за пьянство могли отрубить палец и даже расстрелять.

Уже на фронте, под Бахмутом, он убедился, что армии РФ не хватает не только дисциплины, но и компетентного руководства. Бездумные приказы, атаки укреппайона без поддержки артиллерии, нехватка боеприпасов — всё это приводило к огромным потерям. Увиденное на фронте Фёдор называет «геноцидом русского народа». Поэтому у него не было сомнений, идти или не идти вместе со всеми на Москву «свергать Шойгу». Конечно, идти!

Разбираемся, как так получилось, что доброволец из Подмосковья сначала из патриотических чувств уехал в Украину воевать с одним врагом, а потом из тех же чувств отправился в поход на Москву — свергать «Шойгу-ублюдка».

«Люли» от командира

На тренировочной базе ЧВК в Молькино Краснодарского края, куда Фёдора отправили после заключения контракта, он вместе с другими добровольцами прошел общий курс вагнеровской программы: учился стрелять из всех видов оружия, бросал гранаты, проходил тропу разведчиков, брал штурмом окопы, когда оттуда стреляли в упор.

Обучение проходило в условиях, максимально приближенных к боевым. Из-за этого бывали несчастные случаи. Однажды их инструктор подорвался на мине, она оказалась не охолощенной.

— Пострадал он и двое обучающихся. Инструктор, бедный, и так был на протезе, а теперь остался и без второй ноги, — переживает Фёдор.

После общего курса большинство наемников стали «штурмАми», бойцами штурмового отряда. А Фёдора как человека с образованием направили учиться на специалиста. Он стал стрелком переносного зенитного ракетного комплекса (ПЗРК) «Игла» — полутораметровой пусковой трубы с ракетой внутри и с пристегивающимся пусковым механизмом, стоимостью под 100 тысяч долларов. Сделал выстрел, отстегнул механизм, для следующего пуска нужна новая ракета.

На занятиях инструкторы шутили, что бойцы «Вагнера» сделали больше выстрелов из ПЗРК, чем военнослужащие Минобороны за всё время эксплуатации «Иглы». Сам Фёдор тоже не видел, чтобы в ВС РФ производили запуски. По соседству с учебной площадкой ЧВК находился полигон Южного военного округа, где проходили подготовку военнослужащие Минобороны. Однажды ради интереса наёмники подошли к проходившим подготовку новобранцам и поинтересовались, чему их учат.

— Они ответили, что ничему, что за два месяца выстрелили по шесть патронов из АК — и всё, — вспоминает Фёдор.

В конце февраля из учебки его направили под Бахмут, к тому времени уже почти полностью разрушенный город. Фёдор попал в зенитно-ракетный артиллерийский полк ЧВК, в подразделение ПЗРК. По его словам, поначалу ему было очень страшно, так как всё время стреляли. Потом он привык, перестал бояться и спокойно ходил, даже если город обстреливали. За это однажды он, по его выражению, получил от командира «люлей»:

— Он сказал, что страх здесь терять нельзя, если не хочешь стать «грузом 200».

Фёдор прислушался к его совету. Также он был рад, что поверил тому штурмовику-«вагнеровцу» из своего двора: всё, что тот говорил о дисциплине в частях Минобороны и ЧВК, оказалось правдой.

«Унесите эту суку и закопайте где-нибудь»

— «За ленточкой», на пункте распределения, нам показывали банку с отрубленными пальцами. Штуки четыре пальцев в ней было, — рассказывает Фёдор.

Он не скрывает, что пальцы произвели на него впечатление.

Всех новобранцев заранее предупредили о трех главных табу в подразделениях ЧВК «Вагнер»:

1. никаких наркотиков и алкоголя;
2. никаких сотовых телефонов;
3. никакой связи с местными жителями.

— Что касается местных жителей, не то что мародерствовать, вообще общаться запрещено, — уточняет Фёдор.

Новичкам сразу объяснили, что местные зачастую поддерживают «украинскую сторону», что бабушка может принести пирожки и тут же скинуть координаты ВСУ, а потом позицию накроет «хаймарсами».

Накрыть могло и из-за включенного сотового телефона, служившего наводкой для противника. В ЧВК знали, что украинские военные широко использовали систему спутниковой связи Starlink, предоставленную американской SpaceX Илона Маска. Поэтому в «Вагнере» с телефонами было строго. У самого Фёдора его не было, поэтому с фронта он не привез ни фотографий, ни видео. А вот в частях Минобороны, спецназе «Ахмат», вопреки всем запретам, сотовой связью пользовались, поэтому, по словам Фёдора, «вагнеровцы» опасались стоять рядом с ними.

И о случаях пьянства в подразделениях Минобороны ему тоже известно не понаслышке. Фёдор вспомнил, как в Попасной они с товарищами зашли в окопы мотострелкового полка, там никого не было, зато везде валялось оружие.

— Потом оказалось, что ребята «отдыхают», то есть пьют. Один был в таком состоянии, что даже подняться не мог, — говорит Фёдор.

В ЧВК, по его словам, с пьянством было строго, вплоть до «обнуления». Если бойца заставали пьяным, то на первый раз отрубали палец. Сам Фёдор при такой экзекуции ни разу не присутствовал, разве что видел банку с отрубленными пальцами. Однажды при нем расстреляли «кашника» — так называли заключенных, набранных в ЧВК в рамках проекта «К» (колония).

— Он идет пьяный со своим товарищем, тот вроде трезвый был. Естественно, на него командир орет матом: «Ты что так нажрался, хуеплет?!» А тот ему в ответ при людях: «Пошел на хуй!» Командир достал пистолет и несколько раз выстрелил ему в грудь. Потом говорит: «Унесите эту суку отсюда, закопайте где-нибудь», — рассказывает Фёдор.

Фамилии заключенного он не знает. Как оформили его гибель, ему тоже неизвестно.

— В «Вагнере» пропавших без вести не бывает. Даже если такое происходит, жетоны снимают, — поясняет Фёдор.

Вероятнее всего, тот «кашник» числится среди 25 тысяч «вагнеровцев», погибших под Бахмутом.

— Там были большие потери, очень большие! — говорит Фёдор.

Снарядный голод

— Если я сбиваю вертолет или [крылатую ракету] Storm Shadow, то получаю премию в 1,5 млн, — рассказывает Фёдор.

По его словам, премию, хотя и меньшего размера, получали и те, кто служил с ним в одном взводе. Соответственно, если цель сбивал кто-то из них, Фёдора тоже премировали.

С воздуха «вагнеровцев» прикрывала собственная ПВО: самоходные зенитно-ракетные комплексы «Оса» и «Панцирь», а также переносные комплексы «Игла».

— В мою задачу входило прикрывать штурмовые отряды от вертушек и крылатых ракет, — говорит Фёдор.

Командир ставил задачу — например, поддержать атаку пятого штурмового отряда, указывал позицию. Чтобы ее занять, Фёдор и его помощник обычно выходили затемно, их довозили на машине до точки «ноль», а потом они еще несколько километров шли через развалины и груды битого камня. Добираться до места с полутораметровой пусковой трубой в руках, не привлекая внимания дронов противника, было непросто.

— Если увидят, что у меня в руках ПЗРК, то сто пудов чем-то накроют и HIMARS не пожалеют, — гордится он.

Пока Фёдор готовился к выстрелу и производил пуск ракеты, его помощник с камерой GoPro снимал его работу, чтобы зафиксировать, была сбита цель или нет. По словам Огаркова, за всё время на фронте у него не было ни одного подтвержденного сбития.

— Ракета ушла, я вижу задымление — упал этот вертолет, сто процентов я его сбил! Но не получилось сделать видеосъемку, чтобы это подтвердить, — признается Фёдор.

Чтобы зафиксировать успешную работу стрелка-зенитчика, в зону предполагаемого падения вертолета должны направлять беспилотный летательный аппарат «Орлан», но чаще всего никто его не поднимал и ничего не фиксировал. Сразу после пуска Фёдору с напарником приходилось срочно делать ноги, потому что по этому месту вскоре прилетало: снарядов украинские войска не жалели.

— Они [ВСУ] сильно превосходили нас в количестве и качестве артиллерии по наводке, — поясняет Фёдор.

По его оценке, это превосходство выражалось в порядках: противник выпускал 30 снарядов, россияне — один.

— У Минобороны всегда были проблемы со снарядами, — говорит он.

Ему известно это не только из фронтовой практики, об этом рассказывал и его товарищ, работающий на «высокопоставленных должностях» на одном из оборонных заводов. По словам того, они подавали наверх прогнозный план, сколько снарядов предприятие может выпустить за год, а в министерстве к этой цифре просто подрисовывали ноль.

— Это для отчета Путину, что у нас в стране всё замечательно, что никакого снарядного голода нет, хотя он есть! — с горечью говорит Фёдор.

Бахмутская мясорубка

— Там такие «кашники» были, что любому спецназовцу фору дадут. Сколько у них штурмов за плечами! — горюет Фёдор о погибших однополчанах из числа заключенных.

По его словам, многие из них пошли воевать не только ради помилования, но и из-за патриотического настроя. Фёдор вспоминает о парне, которому оставалось сидеть шесть месяцев, а он записался в ЧВК и погиб.

— Можете представить, какой Бахмут укрепленный район? А ребята шли на штурм без артподготовки. Отсюда и большие потери, — объясняет Фёдор.

В городских условиях в ЧВК использовали тактику боя штурмовыми группами при интенсивной артподготовке. Группы двигались вдоль улиц, а если натыкались на опорный пункт противника, то вызывали артиллерию, та наносила удар — и штурмовики потом зачищали руины. Так происходило в те дни, когда были снаряды. Но из-за снарядного голода «штурмА» гораздо чаще действовали без поддержки артиллерии. По подсчетам Фёдора, из последнего набора «кашников», пришедших в ЧВК в феврале — марте, через полгода практически никого не осталось.

В «снарядном голоде» он винит министра обороны Сергея Шойгу, при котором ВС превратились в «фотоармию», где главное — сдать фотоотчет начальству. Фёдор рассказал, как однажды был на рекогносцировке в окопах армейской части, и в тот момент началась атака ВСУ. Россияне отстреливались из автоматов.

— Я их спрашиваю: «Ребята, а чего вы не стреляете, вон [гранатомет] РПГ-7 лежит?» А они: «А мы не можем, нам позже фотоотчет надо отправлять». Они не использовали гранатомет, чтобы сохранить заряды для отчета! — возмущается Фёдор.

О похожих случаях он слышал не раз. В его глазах мода на фотоотчеты тесно связана с некомпетентностью руководства Минобороны и нижестоящих командиров.

— Командование ну-ле-вое! — говорит он с презрением.

Он рассказывает, что подразделения часто размещали в лесополосе, причем без какой-то конкретной задачи, что людям часто даже не сообщали, что через 800 метров тоже стоят «наши», в результате постоянно возникали перестрелки между своими.

— А еще их утюжит артиллерия Украины. Проходит две недели — и роты нету! — негодует Фёдор.

Под впечатлением от «мясных штурмов», ежедневных ничем не оправданных потерь солдат и офицеров на фоне вранья и фотоотчетов Фёдору стало ясно:

— Там [на фронте] на самом деле идет геноцид русского народа!

Гнев и возмущение действиями руководства Минобороны, видимо, затмили его изначальные переживания о том, что где-то «режут русских детей». По крайней мере об этом в разговоре он больше не упоминал, сосредоточившись на персоне министра обороны. По мнению «вагнеровца», Шойгу надо срочно убирать с этой должности.

— Мы не против Путина, но до него информация неправильно доходит от того же Шойгу, — объясняет Фёдор.

Поэтому, когда им поступил приказ: «Едем в Москву», у него даже не возникло мысли откосить.

Террористы или мятежники?

— Мы ехали в машине, четыре человека. Обсуждали, что делать, кто мы после этого будем — террористы, мятежники?.. Страх в этом был, — описывает Фёдор Огарков свои ощуще-

ния от движения по трассе М-4 «Дон» в составе колонны «вагнеровцев».

По его словам, больше всего он боялся кровопролития, что
придется стрелять в своих.

О «Марше справедливости» Фёдор и его товарищи знали
«немного заранее». Когда и от кого он о нем узнал, сказать отказался. О ракетном ударе по лагерю ЧВК, ставшем формаль-
ным поводом для похода на Москву, Фёдор и его товарищи
ничего не слышали. И это несмотря на то, что в аудиосооб-
щении основателя ЧВК, опубликованном в пригожинских
телеграм-каналах 23 июня в 21:09, говорилось об «огромном
количестве» жертв.

— Оснований не доверять Пригожину лично у меня нет, —
замечает Фёдор. По его словам, цель была одна — убрать Шойгу.

В поход «вагнеровцы» вышли из Луганска, со своей базы,
где они находились после вывода подразделений ЧВК из-под
Бахмута. Однако марш поддержали не все: штурмовой отряд
№ 7 уже по дороге на Москву вместе с техникой повернул назад.

— «Пятисотнулись» — на нашем языке это дезертиры, —
объясняет Фёдор.

Позже этот отряд полностью перешел в Минобороны.

После Ростова колонна, в которой ехал Фёдор с товарищами, пошла в сторону Москвы. Двигались на военных
«Уралах», внедорожниках и пикапах УАЗ, платформах с тан-
ками на борту, самоходных зенитно-ракетных комплексах
«Панцирь-С1» — по словам Фёдора, колонна растянулась на
60 километров. Его до сих пор удивляет, как вся эта махина
передвигалась по трассе М-4 вперемешку с гражданским
транспортом.

«Пиздец, мама!»

В субботу 24 июня, в первой половине дня, на участке между
Ростовом и Воронежем Фёдор увидел сгоревший «Урал».

К тому времени он уже знал, что тот шел впереди колонны, что машину обстреляли с вертолета НУРСом — неуправляемым ракетным снарядом. О количестве погибших им скажут позднее в штабе — около 30 человек. В СМИ об этом инциденте не сообщалось.

— Когда мы выходили, у нас был приказ: «Огонь не открывать». А когда прилетело в наш «Урал», командиры начали кричать по рациям: «Открывать огонь, ебашить по всему, что приближается к нам по воздуху!» — рассказывает Фёдор.

В какое время был нанесен удар по «Уралу», он сказать затруднился. По его словам, после этого инцидента всякий раз при появлении «вертушки» поступала команда: «Всем покинуть машины, занять круговую оборону». Как обычно, Фёдор прикрывал с воздуха. Ему до последнего не хотелось стрелять, признается он: «Но как не открывать огонь, когда в тебя стреляют?» Он рассказал об инциденте с вертолетом:

— Под Воронежем наш вертолет Ка-52 «Аллигатор» — его мы тоже сбили.

Из какого ЗРК, он не уточнил. По словам Фёдора, после этого техника с воздуха к колонне «вагнеровцев» не приближалась.

По информации из открытых источников, в тот день были сбиты три вертолета радиоэлектронной борьбы Ми-8МТПР, один военно-транспортный Ми-8, а также самолет Ил-22М — «воздушный защищенный пункт управления». Все эти летательные аппараты не могли атаковать. Сбиты были и два ударных вертолета — тот самый Ка-52 и Ми-35.

Жители Павловского района Воронежской области выкладывали в сетях видео со звуками сильной стрельбы, летящего вертолета, взрыва и пожара на нефтебазе. Судя по обилию нецензурной лексики, они были очень напуганы, думая, что началась война. «Пиздец, мама!» — кричала в ужасе девушка, глядя в окно на взметнувшийся столб пламени. «Пиздец!

Собираем манатки», — шептала мужу женщина, глядя на тот же взрыв с другой точки.

Когда «вагнеровцам» поступила команда возвращаться, все выдохнули.

— Слава богу, что всё закончилось, что никакого кровопролития не было, — говорит Фёдор.

«Ребята, давайте вперед!»

— Если честно, когда я ехал, думал, умру в этой заварушке. А в тот момент я понял, что ради этого можно и умереть, — счастливо смеется Фёдор, впервые за весь разговор.

Он описывает, как их встречали люди на всем протяжении похода на Москву: как на дорогу выходила вся деревня, как люди махали им руками и кричали добрые слова, а бабушки осеняли колонну крестом. Как в проезжавших мимо машинах молодежь на всю громкость включала заводную «Лето и арбалеты, ща "вагнера" подъедут».

— Словами не передать, как нас поддерживал народ! Если бы нам разрешали иметь телефоны, я бы всё это заснял на видео, — улыбается Фёдор.

На Москву колонна шла под российским флагом, без символики ЧВК, но люди, видимо, из новостей знали, что это идут «вагнеровцы». Многие приветствовали их жестами джамбо: сжатая в кулак рука с оттопыренными двумя пальцами — большим и мизинцем. Из-за перекрытой трассы рейсовые автобусы стояли в пробке, люди выходили из них, снимали колонну на видео, перебегали через дорогу и выкрикивали напутствия.

— «"Вагнер"— сила!», «Ребята, молодцы, давайте вперед!», «Только будьте аккуратнее», — вспоминает Фёдор «кричалки». — Если бы мы дошли до Москвы, нас бы так же встречали, — убежден он. — Мы увидели стопроцентную поддержку.

«Возвращаемся»

— А я не самоубийца, мне хочется пожить, поэтому ни в какое Минобороны я не пойду. И многие с «Вагнера» туда тоже не пойдут, — говорит Фёдор.

По его словам, они до последнего надеялись, что после марша Путин сменит «Шойгу-ублюдка», но этого не произошло. Тогда он даже не рассматривал вариант заключить контракт с военным ведомством. Альтернатива в виде Росгвардии его тоже не привлекала. Поэтому в июле Фёдор поехал в отпуск, к своей семье под Москвой.

Хотя контракт его истек, он всё ждал, когда его вызовут в ЧВК. Говорил об отправке 5 августа, но его не вызвали. Таких, как он, в подвешенном состоянии, сейчас тысячи, рассуждал Фёдор, куда можно их всех отправить? В Беларуси «вагнеровцев» хорошо встречали, но что там делать, ему непонятно. Ехать в Африку Фёдору не хотелось:

— С ротацией там тяжело, можно зависнуть, да и климат не тот, и зарплата. Наверное, я не пойду никуда, пока не появится направление на СВО, на Украину. И только с «Вагнером», конечно, — признался он однажды.

После 23 августа Фёдор куда-то пропал. А 12 сентября прислал голосовое сообщение: «Скоро возвращаемся на Украину. Также — в Африку. Сейчас идут переговоры с Минобороны». Фоном на его «голосовуху» наложился транспортный гул, как будто он был уже в пути.

Только непонятно, куда.

13.

4 октября 2023 года
Пятьсот восемьдесят восьмой день войны
Регион: Карелия

Белое
море

Финляндия

Петрозаводск
Деревянное

Санкт-Петербург

Петрозаводск

Онежское
озеро

25 км

Деревянное

Глушь

Репортаж из села Деревянное, где пришедший с войны наемник с товарищем убили шесть человек. Хотя в этом селе и так уже все мертвы — просто еще не знают об этом

Ирина Гарина

В третьем часу ночи Ирина Жамойдина громко кричала во дворе полыхавшего дома. Она искала племянников, двенадцатилетнего Виталика и девятилетнюю Аню (имена детей изменены). Пыталась дозвониться до отца, но тот не отвечал, а такого быть не могло, потому что отец после инсульта с телефоном не расставался. Звонила брату, Артёму Терещенко, но и его телефон молчал. Соседка Лариса заметила какое-то движение в кустах. Оказалось, дети прятались там. Аня только плакала и не могла произнести ни слова. «Тетя Ира, там папу с дедушкой убили», — сумел выговорить Виталик. Их мама, Ирина Терещенко, осталась жива только потому, что в ту ночь дежурила в больнице.

Когда пожарные потушат огонь, в доме найдут два обгоревших тела. В одном Ирина узнает отца, Владимира Терещенко, в другом — брата. Потом племянник Виталик расскажет, что видел, как их били и резали, он знает, кто это сделал, но боится сказать, ему пригрозили, что вернутся и вырежут всю семью. Ирина всё-таки уговорит его, и мальчик расскажет: один из убийц — Максим Бочкарёв, местный. Другой всё кричал, что был на «эс-вэ-о». Ирина позвонит в дежурку, скажет, где может находиться Бочкарёв. Там же полиция найдет и второго — Игоря Софонова, который действительно недавно вернулся с войны. Выяснится, что к этому моменту они успели зарезать и сжечь еще четырех человек — Светлану Лонину, двоих ее братьев, Константина и Диму, и их гостя.

Это произошло два месяца назад, в ночь на 1 августа, в селе Деревянное на берегу Онежского озера, в 30 километрах от Петрозаводска. Один из подозреваемых в убийстве шести человек — 37-летний Максим Бочкарёв. В 22 года он впервые был осужден на девять лет за разбойное нападение и изнасилование. Вышел на свободу в мае 2017-го, а через полтора года снова попал на зону — за грабеж, кражу и угон автомобиля. Второй, Игорь Софонов, сел впервые по малолетке за грабеж и убийство, в 23 года вышел, на свободе побыл недолго, сел за грабеж и кражи. В какой-то момент они пересеклись на зоне с Бочкарёвым.

Год назад, когда в России началась мобилизация, в каждом таком карельском поселке людей на войну забирали десятками. Еще больше шли добровольцами. Особенно с зон, которых в Карелии много. Впрочем, не только в Карелии. Софонов отбывал третий срок, когда Россия начала полномасштабную войну в Украине и зэков стали вербовать. Так он стал добровольцем. Потом добровольцы и мобилизованные стали возвращаться. Кто в гробу, кто в отпуск, а кто, как Софонов, по ранению. Но Бочкарёв-то если с кем и воевал, так только в своем Деревянном с тетками в магазинах да с собственной женой, которую видели время от времени в синяках.

Может быть, после того, что случилось в Деревянном, тут боятся возвращения «героев спецоперации», у которых от войны нервы не в порядке? Двери запирают покрепче, собак сторожевых заводят? Нет. Как раз в таких «деревянных» лучше всего понимаешь: война войной, но есть еще просто бессмысленный и беспощадный русский быт.

«Все мы живем от звонка до звонка»

Прошло два месяца, а запах гари в Деревянном чувствуется до сих пор. Возможно, мне так только кажется. В конце концов, отопление в поселке везде печное. И у небольших частных домов, и возле многоквартирных деревянных бараков складированы дрова. Во дворах часто жгут мусор. Стараются делать это рядом с водокачками, где с одной стороны свисает шланг, чтобы набирать питьевую воду, а с другой из трубы вода хлещет на землю, и оттуда через двор носят ведра в сортир.

Первая калитка, у которой я остановилась, открыта. За ней утопает в зелени аккуратный небольшой дом, дверь в доме нараспашку. На крыльце стоят резиновые сапоги и боты. Обхожу вокруг, стучу в одно окошко, в другое — никого. Минуты через три выходит женщина. Это Ольга Николаевна. Сейчас она на пенсии, а раньше работала медсестрой в детдоме.

— Сначала-то, после тех убийств, мы боялись, честно говоря, запираться стали, — признается она, вставляя ноги в боты на крыльце. — А потом как-то время прошло, поняли, что бояться нечего. Ну что с того, что один из них с войны пришел? Мы его не знаем, не местный он. Главный-то, Бочкарёв, — наш, а он не воевал. Он тут давно куролесил, было очень много заявлений от соседей участковому, что он проходу людям не дает. Вот ему 38 лет, столько же я в поселке живу, а его до последнего времени почти не видела — кажется, он появлялся только между отсидками.

Мы идем по Лесной улице к одному из сожженных домов, Ольга Николаевна решила, что лучше меня отвести, чем объяснять дорогу. Она хорошо знала всех погибших и их родню. Особенно Иру Терещенко, вдову Артёма.

— У него сестра Ира и жена тоже Ира, — объясняет Ольга Николаевна по пути. — Сестра хорошая женщина, работает продавщицей у нас в магазине. А жену я часто видела сильно выпившей. Она детдомовская, росла в том детдоме, где я работала. Их было четыре девочки, сестры, Ира самая старшая. Вроде бы она самая серьезная была, но остальные как-то устроились в жизни, а Ира… Родители у них тоже пили, поэтому они в детдом и попали. И Ире с Артёмом тоже грозили, что детей отберут.

Артём выпивал поменьше, чем жена. Но всё равно семья была на нехорошем счету у органов опеки. Как-то по пьянке Артём то ли полиции нагрубил, то ли еще что — в общем, нарвался на штраф. Но чего-то более серьезного за ним не водилось. Хотя в поселке поговаривают, что неспроста к нему ночью Бочкарёв пошел — могли у них быть, дескать, какие-то общие дела «по солям».

— Вот кто совсем безвинно пострадал — это Владимир Иванович, отец Артёма, — вздыхает Ольга Николаевна. — Хороший был человек.

По пути она повторяет, что война тут ни при чем, уж она-то знает: участников «СВО» не надо бояться, нормальные они. В поселке было много мобилизованных. Недавно двоих хоронили. У нее тоже год назад мобилизовали сына и племянника.

— Боюсь за сына — это не то слово, — у нее вдруг срывается голос, она плачет. — Он звонит иногда, так мне бы хоть голос его услышать, хоть на полминуты, — уже полегче жить. Все мы живем от звонка до звонка. Это даже не страх. С этим встаешь, с этим ложишься, с этим живешь постоянно. Это внутри тебя постоянно сидит, только периодически выплескивается. Мой сын мог не пойти, у него киста в голове. Но он сказал: мама, я не могу ждать, пока нацисты к нам в дом придут.

В нацистов, которые вот-вот могли прийти к ним в Деревянное из Украины, Ольга Николаевна тоже верит. Ну а как не верить-то?

— У нас доктор теперь живет, беженка из Донецка, — объясняет она. — В одном белье оттуда бежала. С куском снаряда, который к ним в квартиру попал. Жила тут с ребенком в отделении, где лежачие, потом им квартиру предоставили. От нее мы и знаем, какой там кошмар. У нее мама там осталась пожилая, отец больной. Так что, я думаю, вопрос не стоял так, что надо или не надо эту войну начинать. А то ведь сейчас там стало даже хуже, чем в 2014-м.

Противоречия в своих словах Ольга Николаевна не замечает. Ее сын и племянник служат в одной батарее и воюют где-то под Купянском. Сын уже два раза приезжал в отпуск, в марте и в июле, так что она знает, какими тихими они возвращаются. Ее сын, например, почти всё время молчал.

— Он у меня вообще немногословный, — торопится она добавить. — Племянник в субботу звонил, говорит, их так кассетниками обстреливают, что иногда в туалет не сходить. А один парнишка у них застрелился. Жена ему позвонила, сказала, что бросает. Как же это женщины не думают головой... У них и так там жизнь ненормальная. Спят на земле, полгода по землянкам. Еда, правда, есть. Те, кого вперед передвигают, оставляют для следующих на месте консервы. Наши пришли со своим, а когда уходили, тоже оставили запас. У нас тот год вообще был какое-то сумасшествие, у дочки еще рак нашли.

Наконец, мы подходим к дому, который горел первым. Там были убиты отец и сын, Владимир и Артём Терещенко.

«Стояла гробовая тишина»

Дом у Артёма и Иры Терещенко был добротный и новый, только-только крышу положили и сантехнику поставили новую. Артём сам строил, а муж сестры ему помогал. Их дома были через улицу, могли в окна друг другу смотреть. Отец жил в пяти минутах ходьбы. Дом у него старый, Артем уговаривал отца переехать, но тот не хотел, ходил к внукам в гости.

— Брат рукастый был, — рассказывает Ирина Жамойдина. — Очень хороший был сварщик. На карьере работал, делал такое — не каждый сварщик туда подлезет. Его очень ценили. И печником мог быть, сам в доме печь клал. Ну вот с некоторыми дружками зачем-то общался. Они придут к нему, а он не выгоняет. К нему и Бочкарёв ходил, я не раз его видела. Ну, выпивал Артёмка, да. Я не осуждаю тех, кто выпивает, все ведь люди пьют. Тёмку-то я ругала за это, но только потому, что переживала за него после смерти мамы. Повлияло это на него.

Пожар, как теперь установлено, начался в 2:15 ночи. Дети, Виталик и Аня, видели, как подожгли их дом. Перед этим били их отца. Виталик звонил тете, но Ира задремала и звонок не слышала. Тогда мальчик позвонил деду, тот прибежал на помощь сыну. Их обоих зарезали на глазах у детей.

— Тёма в тот день дрова колол, а Ира на дежурстве была, она санитаркой работает в больнице, — рассказывает Ирина Жамойдина. — Вечером они с ребятами поели, я видела, как в девять дети зашли в дом. Дальше я знаю со слов Витали. Артём лег спать, Аня тоже, Виталя смотрел телевизор. Тут начали колотить в дверь. Виталик не открывал, но двое выбили сначала одну дверь, а потом железную, там вмятина осталась. И ворвались. Бочкарёва Виталик узнал. Брат проснулся, стал их выгонять. Ну и тут завязалось…

Примерно в это время, во втором часу ночи, Ирина по привычке посмотрела на окна в доме брата и увидела, что на веранде зажегся свет. Подумала, что Артём встал покурить. Тут вернулся с рыбалки ее муж, и они легли спать.

— Детей убийцы не тронули, — говорит Ирина. — Виталик говорит, что Бочкарёв хотел поджечь дом с ними, но Софонов выкинул их в окно, и они спрятались в кустах. Виталик позвонил в пожарку. А мы ничего не слышали, никаких криков, стояла гробовая тишина. Мы только увидели пожар. Тут уже и мы, и все соседи побежали.

Зачем Софонов и Бочкарёв вломились в дом к Терещенко, неизвестно. Оба молчат, мальчика Ирина пока боится подробно расспрашивать, что он слышал. Но она тоже уверена, что не надо тех, кто на войне был, бояться.

— Наши парни ведь приходят в отпуск совершенно нормальные, — уверяет Ирина. — Ну, попьют здесь, кто-то делами занимается, кто-то расслабится. Многие же пьют. И обратно идут. Они все безобидные. Просто говорят же, что с такими статьями, как у Софонова были, на войну пускать нельзя. И с войны их нельзя отпускать.

Сгоревший дом семьи Терещенко восстановить невозможно, вдова и дети Артёма живут теперь в опустевшей халупе деда.

— Ира очень хорошая, хоть и выпивала, — добавляет Ирина Жамойдина. — Сейчас она завязала, совсем не пьет, на нее так эта трагедия подействовала. Ухаживает за детьми, порядок в папином доме наводит. Люди у нас средства собрали, мы им машинку стиральную купили, плиту новую, микроволновку, чтобы детям еду подогревать, пока мама на работе. Ира занимается документами. Я ее поддерживаю.

Пока на участке Терещенко полиция разбиралась с местом преступления, загорелся еще один дом — по соседству. Это произошло в пять утра.

«У нас тут одни магазины»

В Деревянном официально прописаны 1200 человек. Дома старые, люди в них должны знать друг друга всю жизнь. Чтобы спросить, кто вызывал пожарных к дому Лониных, я зашла во двор напротив, через улицу.

— А мне откуда знать? — горячится крепкий старичок Валерий Иванович.

— Вася вроде вызвал, — подходит его жена Наталья Константиновна.

— Ты-то откуда знаешь? — вскидывается Валерий Иванович. — Вася говорит, увидел дым с окон, а вызывал он или нет кого — кто знает. У меня вот улицу иногда спрашивают, а я чо, каждую улицу буду знать? Я по своей хожу, а остальные мне зачем?

Валерий Иванович отдыхает на лавке, а его супруга Наталья Константиновна возится в огороде. На ней надета теплая ядовито-зеленая кофта с символикой магазина «Пятерочка». Нет, она не работает там, они с мужем давно на пенсии, а кофту ей дочка принесла. Вот дочка — да, она продавщица. В Деревянном чуть ли не каждую женщину спроси — работает в магазине. Магазинов в поселке столько, что непонятно, как им хватает покупателей.

— А больше работать негде, — горестно соглашается Валерий Иванович. — Нет работы — и всё. Была раньше керамика, завод, — так загубили. Был завод, вагонку делал, — тоже тю-тю. Всё москвичи скупили и закрыли. Карьер есть, но туда больше городских берут. Молодежь, кто может, в город ездит работать. Кто не может — так перебиваются. Поэтому и наркота. Но это уже к начальству вопросы.

Просыпаются в деревнях рано. Но в пять утра, когда горел дом Лониных, соседи в доме напротив не видели и не слышали ни-че-го. Валерий Иванович так и говорит, по слогам. Вышли утром — ба! Машин-то понаехало! А что случилось?

— И хорошо, что мы спали, свет не горел, — кивает Валерий Иванович. — А то и к нам бы зашли. А дом этот не сгорел, он только начал гореть. Людей убили, да. А дом подожгли, но он не разгорелся. Там тряпки подожгли в комнате. Теперь дом бесхозный. У Лониных вроде тетка была, но мы фамилии ее не знаем.

Тетку Лониных зовут Светлана Митрукова. Она носила продукты племянникам, потому что те не работали.

— Не-е-е, — тянет Наталья Константиновна, — один брат более-менее нормальный был, Костик, он работал трактористом. Жил с какой-то женщиной лет десять, потом что-то у них не заладилось, вернулся сюда. Старший, Димка, — колясочник, инвалид. Его иногда летом вывозили, а так он дома всегда был. Мы с ними не общались, только здрасьте — здрасьте.

Видимо, действительно не общались, потому что соседка знает не всё. У Костика в последнее время была парализована нога, поэтому он не работал. Дмитрий стал инвалидом только три года назад, после инсульта. Но про сестру их Светку соседи всё знают.

— Алкаши они все, — припечатывает Валерий Иванович. — А Светка только из тюрьмы вышла. За алименты сидела. У нее четверых детей забрали, а она алименты не платила, вот ее и посадили. В тюрьме познакомилась с мужиком, привела его в дом. Сожитель этот — армянин. Вот их всех четверых и убили.

Светлане было 37 лет, «сожителю-армянину» Владимиру Сергиенко — 75. Главным его достоинством была пенсия. Ее и пропивали в последнее время Лонины. Кроме них, у Сергиенко никого не было. Хоронить его оказалось некому. Деньги на похороны дал предприниматель-армянин, мастер по надгробиям, до тюрьмы Сергиенко у него работал сторожем. Поэтому все и решили, что убитый тоже был армянин.

Зачем нужно было убивать безобидных Лониных, никто не знает. Точно не ради грабежа. Дом Лониных стоит бесхозным всего два месяца, а участок зарос и захламлен так, будто люди тут не живут много лет. Светлану и Сергиенко резали, судя по одежде, спящими.

Известно только, что с вечера 31 июля Софонов и Бочкарёв были в доме Лониных. Пили вместе самогонку.

— Когда я была на свидании у брата, он мне так и сказал: не знаю, мол, зачем я это делал, мы напились самогонки — и меня вырубило, — рассказывает Александра, сестра Игоря Софонова. — Мне и другие в Деревянном говорили, что такая у них самогонка.

«Вы что, не понимаете, что в России происходит?»

Очередной срок Игорь Софонов отбывал в Петербурге, в ИК-6 «Обухово». Когда он сел, Александра не помнит. Говорит, что не видела брата года четыре. В сентябре прошлого года, вспоминает она, брата взяли оттуда на войну, он говорил — в обмен на помилование. Но не в «вагнеровцы». Тогда уже зэков набирали и другие ЧВК.

— Насколько я знаю, их там сгруппировали и отправили в ЧВК «Шторм Z», — рассказывает Александра. — Но брат сам хотел на фронт. Он хотел исправиться в своей жизни. Не скажу, что он на войне сильно поменялся. Единственное, у него раньше было чувство юмора, он был такой весь налегке, а оттуда пришел такой серьезный, неразговорчивый. Ничего не рассказывал, говорил только, что системы нету, что никому они там не нужны. Хотел вернуться обратно в Луганск.

С войны Софонов пришел потому, что был ранен. Ему зацепило грудь, пуля прошла навылет. Денег за ранение, сказал он сестре, так и не заплатили. Александра не знает, как вообще недавний зэк мог получать обещанные деньги на этой службе: у него не было никаких документов.

— Он же из мест лишения свободы вышел без документов, потом воевал, — объясняет она. — Происходило всё это в Луганске. Кто там будет его документами заниматься? Военник у него был луганский, по нему ничего было не сделать. Денег, которые обещали, он не получил. Может, Министерству обороны удобно брать таких? Приходит такой бывший зэк с войны. К нему что, домой деньги привезут — на, мол, возьми? У кого-то нет родственников, которые могут заниматься документами. Кто-то вообще не вернется. Ну вы что, не понимаете, что в России происходит? Нет, я не обвиняю никого, я только в плане реабилитации раненого говорю.

Отлежав положенный срок в больнице, Софонов поехал в Петербург. Там он жил до посадки, зарегистрировал брак с женой Катей, о любви к которой много писал во «ВКонтакте». Потом, видимо, с любовью что-то не задалось, потому что с Александрой он уже делился планами жениться на медсестре, встреченной в госпитале.

— В Питере Игорь пошел на халтуры, потому что не на что было жить, — продолжает Александра. — Потом позвонил маме. Мама сказала, чтобы он ехал домой, в Карелию, она поможет документы делать. Он немного не сориентирован был. Мама договаривалась обо всём, паспорт уже почти был готов.

Но документы и вещи Софонова остались в Петрозаводске у еще одного их брата (всего их у мамы пятеро), а сам он вдруг приехал в поселок Деревянка, где живет и работает продавщицей в магазине Александра. Это от Деревянного 15 минут на такси.

— Он позвонил, потом приехал к магазину, — говорит Александра. — Я вижу, что он весь избитый. Отправила его домой спать. Потом Игорь рассказал, что в Петрозаводске на него напали в два часа ночи, избили, он утром очнулся — у него челюсть сломана. Сейчас скобы стоят. Он два дня у меня жил, не мог есть и разговаривать. На третий день стал что-то выговаривать.

Александра нашла оказию, чтобы брат из Петрозаводска передал вещи Игоря. Потом нашла машину, чтобы Софонов поехал в Петербург, а оттуда, как он и хотел, снова на войну. Это было 31 июля. Но с машиной они почему-то «не состыковались», и Софонов вернулся к сестре.

— Это было в 20:40, — помнит она точно. — Он позвонил Бочкарёву, с которым вместе сидел. Сказал, что сейчас в Деревянке. Тот говорит: здорово, а я в Деревянном — приезжай, давай встретимся. Вот встреча так и произошла.

Александра уверена, что брат не мог зарезать шесть человек. Он и одного, настаивает сестра, не мог пальцем тронуть.

— На свидании он мне говорит: я не резал, — повторяет Александра. — Я ему верю, потому что знаю, на что Игорь способен. Я его спрашиваю: зачем ты туда пошел? Якобы Бочкарёв сказал, что его отмудохали «вагнеровцы», надо пойти с ними разобраться. Игорь говорит: меня пьяного и переклинило.

«Стены-то крепкие, а крыша ох как течет»

Примерно в час ночи Бочкарёв и Софонов ушли от Лониных, чтобы отправиться к дому Терещенко. Пока там тушили пожар, они выпивали еще в одном доме в Деревянном. У Проккоевых.

— У Маши Проккоевой они были, есть у нас такая гулена, — усмехается Ирина Жамойдина. — Бочкарёв там любил погулять.

У Маши Проккоевой тоже есть брат — Андрей. Отсидел за кражи и уничтожение чужого имущества по пьянке. В 2017 году, как сказано в приговоре, Проккоев влез в чужой дом и поджег там какие-то тряпки. Дом сгорел дотла. Потом он влез в другой дом, украл там шуруповерт, дрель и молоток за 150 рублей. В третий дом он тоже влез, но красть там было нечего, поэтому просто побил стекла. За всё это Проккоев получил три года колонии. Это была его вторая ходка. Третий срок Проккоев получил за причинение тяжких телесных повреждений. Ему, говорят в поселке, оставалось досиживать два года, но летом 2022-го он пошел добровольцем в ЧВК «Вагнер», а летом 2023-го вернулся в родное Деревянное уже как герой. Здесь у него завязался роман с односельчанкой Яной Лигорьковой, продавщицей, — тоже, говорят, не всегда трезвой.

В таком составе компания собиралась в доме Проккоевых, пили самогон. В двадцатых числах июля Яна Лигорькова пропала, ее дочь подала в полицию заявление о розыске. Через три дня после гибели Терещенко и Лониных в компостной яме на краю села найдут тело убитой Лигорьковой.

Иногда с Бочкарёвым видели еще одного жителя Деревянного — Романа Самусева. Он привлекался четырежды, впервые — по малолетке, за кражи, угоны и пьяное вождение.

— Сын у меня — хороший парень, — радостно улыбается Валентина Самусева, мама Романа. — Он пошел добровольцем... Как это называется-то... Се ве...

— Эс-вэ-о? — спрашиваю.

— Да! — еще шире улыбается Валентина. — Рома мне всегда помогал. Что? Работа? Ну как… По вахтам. Месяц работает — месяц дома. Разные работы: и монтажник, и бетонщик. Постоянной не было. Ну, выпивал, да, что такого. Сейчас иногда звонит мне: мама, всё хорошо. Приезжал в отпуск, такой весь, как вам сказать… Повзрослел. Денег присылает с этой… Как вы сказали?

— Эс-вэ-о, — повторяю.

Семья Самусевых живет на окраине Деревянного. Это место тут называют «большие дворы». Тут стоят три больших двухэтажных деревянных барака. Кажется, что дыры в перекошенных стенах видны насквозь.

— Стены-то — нет, крепкие, — не переставая улыбаться, возражает Валентина. — А крыша ох как течет.

Она ходит взад-вперед по большому двору, носит воду в мутном красном ведре. Я предлагаю помочь.

— Да нет, это в туалет, в бачок, — машет она рукой, а потом показывает на зеленый шланг, торчащий из металлической будки: — А вон в том кране берем питьевую. Я привыкла так ходить. Мне 71 год, а здесь я 52 года живу. Как приехала по распределению поваром, так 50 лет и отработала. Теперь на пенсии. Пенсия — слезы.

Кроме сына, у Валентины есть дочка, она работает официанткой в петрозаводском ресторане «Жемчужина». Им обещают, что бараки скоро пойдут под снос.

— Приезжала комиссия, так сказала, — сообщает Валентина. — Обещают уже в 2032 году дать нам квартиру бесплатно.

Пока ей бесплатно привезли дрова, чтобы топить печку в бараке. Сложили рядом в кустах. Такая помощь положена семьям героев, ушедших на фронт добровольцами.

— Сын не из-за денег пошел добровольцем, — торопливо добавляет Валентина. — Мама говорит, надо кому-то идти нашу страну защищать от нацистов!

Роман Самусев дружил с Артёмом Терещенко, поэтому Ирина, сестра Артёма, знает, что в добровольцы он пошел действительно не из-за денег.

— Он мне так и сказал: я пойду на войну, чтобы не сесть еще раз, — рассказывает Ирина. — Они тут с Бочкарёвым по магазинам воровали, говорят, еще какие-то соли распространяли, а Самусева за разбой хотели привлечь. Он уже под следствием был, но как-то смог пойти на войну.

Перед уходом на войну Самусев что-то не поделил с Бочкарёвым, и тот, слышала Ирина, грозился сжечь их двухэтажный барак.

— Бочкарёв дурной же совсем, — качает головой Ирина. — В июне бегал с топором, крушил магазины. Начал с «Красного и белого», потом «Пятерочка», у него там жена в последнее время работала. Там у него девочки кое-как отобрали топор. Его взяла полиция, увезли в Матросы.

«В Матросы» — так говорят о Республиканской психиатрической больнице, расположенной в поселке Матросы. Через пару дней Бочкарёв вернулся оттуда в Деревянное. Почему его так быстро отпустили, никто не понял.

«На мне теперь вода, дрова, помои»

Дом матери Бочкарёва в Деревянном покажет любой. Коричневый, покосившийся, у самого шоссе. В захламленном дворе — три детские коляски, подарили соседи. Детей у Бочкарёвых двое: дочке три года и сыну три месяца. В этом доме все и живут.

На крыльцо выходит очень худенькая нечесаная женщина. По ней не сразу поймешь: подросток, молодая мама или старушка. Это Лена, супруга Бочкарёва.

— Мы с ним знакомы шесть лет, — рассказывает Лена. — Я жила в Новгороде, а он приехал к другу. Его друг с моей подругой встречался. С первой встречи у нас любовь. Через неделю мы уже съехались и стали жить вместе. Мы там сначала жили, потом сюда к его матери переехали.

За полчаса нашего разговора Лена ни разу не назвала мужа по имени. Но несколько раз повторила, какая у них большая любовь.

— Мне трудно без мужа, — энергично кивает она в ответ на мой вопрос. — На мне теперь вода, дрова, помои — мало того, что двое маленьких детей. У него постоянной работы не было, но мы по крайней мере не голодали. А сейчас у свекрови пенсия, на нее живем, а я материнский капитал пока оформила только на одного ребенка. Ну и выплаты ежемесячные. Так и живем: у меня 17 тысяч и у свекрови 14 тысяч. Дочка ходит в садик, там кушает. Маленькому смесь покупаем. Когда дочка появилась, муж брался за любую работу. Мы могли не поесть, но для дочки муж всегда и смесь купит, и фруктов. Всё-таки с ним легче было. Потом второй родился.

О том, что муж до их знакомства успел посидеть за изнасилование, не считая всего остального, Лена говорить не хочет.

— Я примерно знаю, за что у него прежние сроки были, но уверена, что этих преступлений, в которых сейчас обвиняют, он тоже не совершал, — равнодушно пожимает она плечами. — Мы шесть лет знакомы, он за эти шесть лет всего полтора года сидел. Он мне сказал, что можно развестись. Но я подумала: а какую я с этого буду выгоду иметь? Решила не разводиться. Передачки ему я возить не буду, он же знает, в каких условиях мы живем. Пускай крутится, как может. Я к нему на свиданку съездила — так и сказала.

«Столько дебилов вокруг»

Железная дорога — один из главных работодателей в этих краях. Поселок Деревянка она делит на две неравные части. По одну сторону — частный сектор, по другую — сросшиеся в глубоко советские времена деревня с городом. Там панельные многоэтажки, стены в грязных потеках, а под окнами —

огороды. Магазинов тут, если считать на душу населения, еще больше, чем в Деревянном. Больше работать негде, железная дорога всех не возьмет. Из таких поселков идут воевать с наибольшим энтузиазмом. Потом возвращаются «в цинке».

— У нас много пошло добровольцами, — говорит продавщица магазина «Первым делом» Галя. — Из-за денег шли. Работы-то нет. У меня знакомый, Лёня, у него двое детей, жена, квартира в ипотеку. Он из-за денег ушел. Приходил сюда в отпуск — и обратно, а жена живет как на пороховой бочке. Я в школе работала в том году. У одной учительницы сына забрали, а муж пошел добровольцем. Тоже из-за денег. Он ранение получил, остался без ноги. Его обратно домой не вернули, до сих пор мотают из гарнизона в гарнизон. Протез не дали. Три миллиона выплатили — вот, пожалуйста, сам. Жена его, бедная, вся черная ходит. На хрен, говорит, эти деньги.

Мы продолжаем разговор, обсуждаем трагедию в Деревянном. Хлопает дверь. Сухопарый седой человек только заходит — и Галя, не спрашивая, достает ему бутылку. А сама договаривает фразу. Седой человек, сразу поняв, о чем мы, недобро усмехается.

— Воины приходят «доблестные», мать их, — сплевывает он на пол. — Спецоперацию же Путин организовал.

— Да при чем тут Путин? — всплескивает руками Галя, косясь на меня. — Это всё Пригожин!

— При чем тут Пригожин? Путин всё… Тварь такая… Хуже Гитлера этот сраный Путин!

Я стою, затаив дыхание. Мне интересно, кто этот человек и что еще он скажет.

— Столько дебилов вокруг! — распаляется седой. — «Хохлы — сволочи!.. Что ты Путина ругаешь, он хороший». А что тут не понимать-то? У меня же мозги есть. Он же сам напал первый, сволочь. Напал на страну, убивает женщин, детей, б… Города с землей сравнивает! Это что? Это нормально? А идиоты верят. Будут сейчас возвращаться — без рук, без ног…

— У нас вон Сашка Григорьев пришел в отпуск — веселый-веселый, — перебивает Галя. — Он не на передовой был, а в тылах. В отпуск пришел с войны, побыл две недели — и обратно. А Ванька Лукконен пришел убитый вообще. Он на передовой был. Он не понимает даже, что происходит, вообще убитый. Ничего не говорит, вообще не разговаривает, только пьет.

— А я в поезде ехал с одним, — продолжает седой. — У него легкое на одной ниточке болтается. Деньги все пропил. Хотел обратно идти, а не берут. Инвалид уже полный, сдохнет через полгода. А денег-то ему где теперь взять?

Он забирает свою бутылку, мы с Галиной молча смотрим, как закрывается за ним дверь.

«Если их всех в холодильниках держать, не хватит Питера»

Улица Поселковая проходит по частному сектору Деревянки. Если подниматься по ней дальше, аккуратные дома с цветниками сменяются перекошенными халупами. Лабиринт ведет вверх — там улица Посадочная, одноэтажные бараки. Их сносить никто не собирается, о Посадочной словно все забыли. В бараке № 3 открыта входная дверь, заходи любой. Я свечу телефоном в темном коридоре, там спит кошка. Из комнаты выходит немолодая женщина с очень усталым лицом.

— У нас тут четыре барака было, один сгорел, — рассказывает Нина Дмитриевна Кондратьева, пригласив меня в комнату и усадив за стол перед окошком. — Я всю дорогу живу в бараке. С 1973 года. Тут у меня два сына родились — Серёжа в 1974-м и Женя в 1976-м. Потом еще дочка. Муж тут умер. Потом сын младший умер. Барак у нас весь гнилой, он 1952 года постройки. Прокурор уже приезжал. Посмотрели — и уехали. Квартплата была 178 рублей в месяц, а теперь — 280. Скоро за воду еще будут брать. А за водой надо ходить под горку. Зимой особенно страшно, обратно только на карачках. Туалет на улице. Я насчет дров заикнулась, чтобы привезли. Мне ответили так: возят дрова только тем, у кого в семье кто-то воюет. А ваш, дескать, уже погиб, вам дрова не положены.

На входе в барак прибита блестящая металлическая табличка: «Семья бойца ЧВК "Вагнер", отдавшего жизнь за Россию».

— Мне еще дали такие же бумажные, — грустно говорит Нина Дмитриевна. — И награды его отдали. И денег дали. Все, сколько обещали, наличными. Я так боялась, что по дороге ограбят, но меня племянник на машине из Питера привез, а деньги в банк отнес.

О том, что сын пошел на войну в Украине, «отдавать жизнь за Россию», Нина Дмитриевна не знала. Она вообще могла не узнать, где сын.

— Серёжа с тюрьмы туда пошел, — рассказывает она. — Тут его друзья подставили, вот его и посадили за убийство. А он у меня мухи в жизни не обидел. В 2020 году его забрали, дали восемь лет.

В декабре 2022-го, за неделю до новогодних праздников, Нина Дмитриевна собрала большую сумку с продуктами и повезла в сторону Петрозаводска, «на Птицефабрику», — так называется поселок, где расположена ИК № 9.

— Приезжаю, а мне говорят: у нас его нет, — разводит она руками. — Я пошла в спецчасть. Мне говорят: ничего вам сказать не можем, не имеем права. Я передачу вытряхнула перед ними, говорю: как же так, я мать, у него никого нет, кроме меня. Ничего мне не сказали. Я пошла к начальнику тюрьмы, он от меня спрятался. Так и приехала обратно с этой сумкой продуктов накупленных. Хорошо, что дочка есть и внучка Катенька, в другом поселке живут. Говорю им: забирайте продукты и везите к себе.

Еще когда Нина Дмитриевна была в колонии, какая-то сердобольная женщина посоветовала: вы, дескать, заявление напишите на имя начальника, так он разговаривать не будет, а на письменное может и ответить. Заявление Нина Дмитриевна написала сразу, то есть в декабре. А сама тем временем попросила знакомого потихоньку поузнавать, где ее сын.

— Он быстро узнал, звонит мне и говорит: их таких много, все ушли добровольцами, — продолжает Нина Дмитриевна. — Ну я и успокоилась.

Ответ из колонии пришел в апреле. Начальник официально извещал гражданку Кондратьеву, что на территории колонии ее сына нет. И всё. За два месяца до этого, в феврале, она Серёжу своего похоронила.

— В феврале мне звонят с Ленинграда. С Питера то есть, — рассказывает Нина Дмитриевна. — Звонит мужчина: вы мама? Да, говорю, я мама. Что случилось? Он и говорит: сын ваш погиб. Я как заору... Сначала не поверила. Милицию на ноги подняла — думала, что мошенники. На второй день этот мужчина перезванивает: я, говорит, понял, что вы не в таком состоянии были, а вам надо приехать в Ленинград. В Питер. Ну, что делать... 13 февраля я была у этого мужчины. Там большое такое здание, написано... Где он был-то, как это называется? «Вагнер», да.

Нина Дмитриевна позвонила племяннику в Петербург, тот ее встретил, повез в офис ЧВК «Вагнер». Там ее спросили, будет ли она забирать тело сына и сама хоронить. Потому что не все забирают. Она сказала, что, конечно, будет.

— Мне дали 100 тысяч рублей, сказали, что завтра вечером его привезут, — Нина Дмитриевна ненадолго замолкает, по тюлевой занавеске на окне ползет муха. — Племянник Андрюша меня повез домой. Вечером слышу — машина пришла. Привезли цинковый гроб, положенный в обычный гроб, и венок. Поставили в коридоре. Занести в комнату не могли, тут у нас места нет, не развернуться. Я расписалась в документах. Андрюша спрашивает: он у вас что, не в холодильнике был? А этот, который привез, отвечает: если их всех в холодильниках держать, не хватит Питера, они у нас в подвале на цементном полу лежат. Парни, которые с Андрюшей были, крышку подняли — говорят, там всё хлюпало. Мы крест купили и на следующий день похоронили сына. На моем месте. Я для себя место держала, а положила Серёжу. Теперь там моя мама, младший сын и Серёжа.

Она не знает, как погиб ее Серёжа. Тот мужчина, который привез гроб, только Андрею рассказал. Андрей сказал тете только о том, что Серёжа подорвался на мине.

— Он у меня настоящий мужик был в доме, умел делать всё, — улыбается Нина Дмитриевна. — Всегда веселый, бабки у нас тут души в нем не чаяли. И снег откидает, и дров принесет. Муж у меня болел и умер, у младшего сына заражение крови было, тоже умер. Пришел с армии весь издерганный, стало ему плохо, увезли в больницу, 21 день он был в коме, потом год еще дома прожил, а в 2010-м умер. Серёжа был старший, ему 11 сентября было бы 49 лет.

С деньгами «вагнеровцы» Нину Дмитриевну не обманули. Она сначала хотела квартиру купить дочке с внучкой, а то у них в поселке ни школы нормальной, ни детсадика. Но с той квартирой, что подходила, их кто-то опередил, а на другую денег не хватило. Теперь она делает ремонт у себя в комнате в бараке № 3. А живет пока в соседской.

— Куда я отсюда уеду? — пожимает она плечами. — У меня тут все на кладбище. Мне печку новую сделали, пол подняли, потолки скоро делать будут. Потом линолеум на пол положат. Проводку еще надо поменять. Дров купила две машины, буду жить потихоньку.

Свет в окошке для Нины Дмитриевны — внучка Катенька. Ей шесть лет, и она помнит дядю Серёжу.

— Она всё спрашивала: где Серёжа мой? — говорит Нина Дмитриевна. — Мы с дочкой не говорили ей, отвечали, что на заработки поехал. «А он мне привезет что-нибудь?» — спрашивает. Я пойду куплю что-нибудь и говорю: вот это Серёжа тебе послал. Потом уже ей сказали, что Серёжа погиб на войне. Она мне говорит: бабушка, зачем он на войну пошел?

Нина Дмитриевна выходит на крыльцо, чтобы меня проводить и еще раз табличку на стене погладить. Говорит, что в Деревянном на днях еще двоих хоронили. А одного парня, Володю Манакова, родные найти не могут. Я прошу Нину Дмитриевну всё-таки закрывать входную дверь в барак, мало ли что.

— Теперь я ничего не боюсь, — улыбается она. — Мне Серёжу очень жалко. Если бы можно было меня и мою жизнь взять, чтобы только его вернуть, я бы всё отдала. Никому эта война не нужна. Я б его своими руками разорвала…

Она замирает. Я тоже молчу. И тут, словно встряхнувшись, Нина Дмитриевна с какой-то чудовищной ненавистью в голосе повторяет: «Своими руками бы разорвала. Зеленского этого».

В издательстве Freedom Letters вышли книги:

Детская и подростковая литература

Александр Архангельский
ПРАВИЛО МУРАВЧИКА

Сборник рассказов для детей 10–14 лет
СЛОВО НА БУКВУ «В»

Шаши Мартынова
РЕБЁНКУ ВАСИЛИЮ СНИТСЯ

Shashi Martynova
BASIL THE CHILD DREAMS
Translated by Max Nemtsov

Алексей Шеремет
СЕВКА, РОМКА И ВИТТОР

Поэзия

Демьян Кудрявцев
ЗОНА ПОРАЖЕНИЯ

Дмитрий Быков
НОВЫЙ БРАУНИНГ

Евгений Клюев
Я ИЗ РОССИИ. ПРОСТИ

Вера Павлова
ЛИНИЯ СОПРИКОСНОВЕНИЯ

Александр Анашевич
НА АХИНЕЙСКОМ ЯЗЫКЕ
Интро Елены Фанайловой
Послесловие Дмитрия Бавильского

Виталий Пуханов
РОДИНА ПРИКАЖЕТ ЕСТЬ ГОВНО

Алина Витухновская
ТИХИЙ ДРОН

Вадим Жук
ОЧЕНЬ ЧЁРНАЯ СОБАКА
Дифирамб Владимира Гандельсмана

Серия «Не убоюсь зла»

Натан Щаранский
НЕ УБОЮСЬ ЗЛА

Илья Яшин
СОПРОТИВЛЕНИЕ ПОЛЕЗНО

Выступления российских политзаключённых и обвиняемых
НЕПОСЛЕДНИЕ СЛОВА

www.ingramcontent.com/pod-product-compliance
Lightning Source LLC
Chambersburg PA
CBHW070105030426
42335CB00016B/2016